時代劇のウソ・ホント

絵で見て納得！

笹間良彦　著画

遊子館歴史選書 1

まえがき

本書を執筆するきっかけとなったのは、江戸時代の生活を絵図で復元するという試みを依頼され、『大江戸復元図鑑』〈武士編〉〈庶民編〉を出版したことによる。この両書は、視覚的な記録の少ない江戸時代の武士と庶民の生活を復元図をもとに概説したものであるが、活字からは読み取れない図解情報が多数収録されていることから、文献を中心に江戸時代研究に携わる方や、郷土教育の現場の方々に目で見る江戸時代図鑑として好評をいただいた。

そして、出版元の編集者の方とその反響について話をしているおりに、江戸時代を題材にした歴史小説や、映画やテレビなどの時代劇など、私たちの日常生活には江戸時代がたいへん身近でありながら、実は虚構と真実がないまぜになっていることが話題となった。たしかに映画やテレビの時代劇は、時代考証にもとづいているといいながらも、当時の風俗や習慣については、現代の視聴者に違和感のないように演出されている。

たとえば、江戸時代の既婚女性は歯はお歯黒《はぐろ》を染め、眉を剃っていたが、現代の時代劇ではこのような女性は登場しない。視聴者も演じる女優も現在の美意識からすると気味が悪いということなのであろう。女性や男性の髪形も時代と身分や職業によってさまざまに変化しているが、そのような区別もあいまいである。時代劇で庶民の味方のように表現されている岡っ引《おかぴ》きは、奉行所の役人ではなく、与力や同心が私的に雇った手先で、ほとんどが二足の草鞋《わらじ》を履いたやくざ者であり、公用の十手《じって》を持つことも、勝手に容疑者を捕縛することも許されなかった。そして江戸時代は帯刀する刀が触れ合わないように左側通行であり、武士も庶民も大手《おおで》を振って歩くことはなかった。

このように、江戸時代一つを例にあげてみても、映画やテレビなどの時代劇や挿絵、時代小説では、子細に見ると数え上げればきりがないほど当時の実際の風俗や習慣、生活を正確に再現していないことが多い。たしかにそれらの時代劇の多くはフィクションであり、視聴者や読者を楽しませるための物語であるので、すべてが歴史的な風俗や習慣を忠実に再現する必要はない。ただし、それらのドラマや小説を楽しむ読者が、フィクションそのものを江戸時代の武士や庶民生活の再現と理解してしまう怖さがある。これは、中世や戦国時代に題材をとった作品でも同様である。

とくに江戸時代が今日の私たちの生活につながる重要な基層文化であることを考えるとき、まず江戸時代の歴史的な風俗や習慣、生活について基本的な正しい知識を得ることが大事であると考える。その上で、映画やテレビなどの時代劇を見たり、時代小説を読んだりすれば、作者の意図も史実との違いも良くわかり、楽しさが倍増するであろう。

そこで、本書では、映画やテレビなどの時代劇を題材にさせていただきながら、史実と誤解の落差が大きい「江戸知識」を、絵解きによってなるべく平易に解説した。書名は時代劇の虚構と真実を解説するということで、「絵で見て納得！　時代劇のウソ・ホント」と一般読者の人々にわかりやすいものにした。

二〇〇四年十二月

龍山泊　笹間良彦

絵で見て納得！
時代劇のウソ・ホント

目　次

【江戸の考証学】

8 江戸の結髪《けっぱつ》

9 江戸の服装

10 江戸の生活

凡　例

一、本書は今日の歴史小説や映画、テレビの時代劇などが表現する江戸時代の風俗・習慣や生活全般について、史実と大きく異なるところに注目して、その虚構と真実を図解し、解説したものである。図は資料にもとづく一つの典型としての復元図である。

二、収録した復原図はすべて著者が描き起こしたものである。

三、用字用語は、漢字は新字体と正字体、送り仮名は現代仮名表記を原則とした。また、小学校から高校まで、歴史教育、郷土教育現場での利用の便を考え、用語にはなるべくフリガナを付した。

四、解説の末尾に➡参照項目とそのページを付した。

絵で見て納得！　時代劇のウソ・ホント

武士の巻

町奉行所にも武家屋敷にも表札《ひょうさつ》はなかった

映画やテレビの時代劇で奉行所の門に「南町奉行所」「北町奉行所」などと太文字で書かれた表札（門札）を掲げた場面をよく見かけるが、これは間違いである。とくに私邸を役宅としていた「寺社奉行所」が役所として大きな表札を掲げている間違いなどは論外である。現代では表札があるのはあたりまえだが、江戸時代には町奉行所のみならず、大名屋敷、旗本屋敷など、屋敷名を書いた表札はいっさい掛けなかった。近くの住人や出入りの者は何町のお屋敷は何様と皆知っていたのである。

地理を良く知らない他の町の役所や武家屋敷をたずねて行くときは、あらかじめ目的地をよく調べて、その役所や屋敷の近くで、各屋敷の角にある辻番所《つじばんしょ》の番人にたずねて確かめる以外に方法はなかった。そのため官名でたずねると間違いを起こす。たとえば陸奥守《むつのかみ》や越前守《えちぜんのかみ》、長門守《ながとのかみ》という大名は数人いるので姓と官名の両方を確認しないと、とんでもない方向へ行ってしまう。幕府の下級武士の組屋敷《くみやしき》でも数か所にあり、しかも組屋敷内には二、三十軒の家がある。このためたずねて行くには、まず何町の組屋敷かを知り、組屋敷の門番に何某《なにがし》様のご住居はとたずねる。すると門番は「この通りの何軒目だ」と教えてくれる。

武家の個人の屋敷でも、江戸時代には表札は用いられていない。まして庶民にはいっさい表札はなかった。そのかわり、商家などは屋号を看板として、また暖簾《のれん》に染め抜いて掲げた。裏店《うらだな》の長屋は路地木戸の上に表札式に職業と名を書いた小札を掲げ、住まいの外障子には職業の印や名を描いてあるのでわかりやすかった。何々店《だな》（貸主）の誰兵衛といえばすぐにわかった。町のかなめの自身番《じしんばん》や木戸番《きどばん》も外障子に文字で表示した。

町奉行所に表札（門札）があるのは大間違い！

町奉行所には表札はないのが正しい

江戸南町奉行所の推定復元図

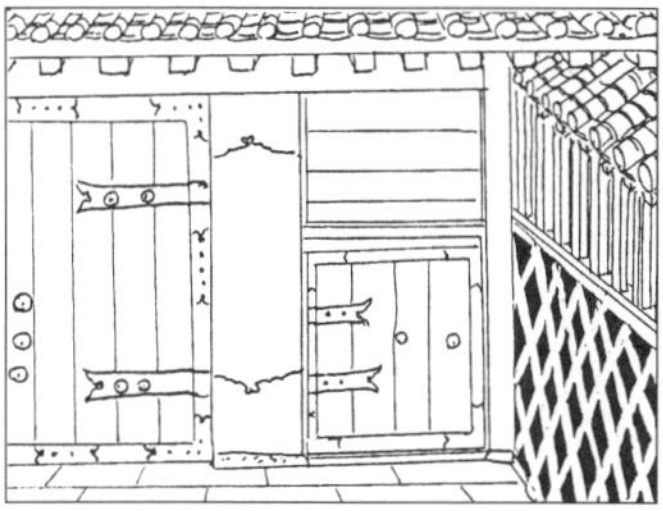

武家屋敷にも表札はなかった

庶民は木戸に小札、商人は看板を掲げた

町奉行所の玄関正面に鉄砲が飾ってある理由

町奉行所は京都、大坂、駿府《すんぷ》にもあったが、単に町奉行所というときは江戸町奉行所をいった。町奉行所は番所、役所ともよばれ、三代将軍家光が寛永八年（一六三一年）十月に加賀爪民部少輔忠澄《かがづめみんぶしょうすけただすみ》を北町奉行、堀式部少輔直之《ほりしきぶしょうすけなおゆき》を南町奉行とし、役宅をつくって月番で執務させたのがはじまりとされる。元禄十五年（一七〇二年）には中町《なかまち》奉行が設けられた。享保四年（一七一九年）に南町奉行が廃止され、以後、中町奉行所を北町奉行所、北町奉行所を南町奉行所に改称し、江戸町民の行政・司法・警察を担当した。

さて、町奉行所の玄関正面に鉄砲が飾ってある理由であるが、これは町奉行の配下である与力《よりき》・同心《どうしん》が鉄砲組に所属していたことによる。そのため泰平の世にあっても、その象徴として町奉行所の玄関正面には、鉄砲と弾丸を入れる胴乱《どうらん》がならべて飾ってあったのである。『江戸町奉行事蹟問答』には「玄関正面広間には下戸棚、上に鉄砲五十挺を並立し、前に玉薬、革の覆、金葵の紋付胴乱、同じく飾付」とある。これは幕府の他組の役所にはない特徴であった。映画やテレビの時代劇には町奉行所の玄関の場面がよくでてくるが、この鉄砲飾りのないことが多い。この鉄砲飾りは町奉行所の象徴であるのでぜひ備えて欲しいものである。

町奉行所の与力は羽織袴《はおりはかま》に両刀を差し、槍《やり》持ち、草履《ぞうり》取りを従え、騎馬で出勤し、同心は着流しに巻羽織《まきばおり》姿で、小者《こもの》に御用箱を背負わせて出勤したが、幕末になって洋式装備と洋式訓練が行われ、服装も変わったときには、与力・同心は、筒袖《つつそで》（袂《たもと》がなく袖が筒になった小袖）と裁着袴《たっつけばかま》（袴を改良してズボンのようにしたもの）に陣笠《じんがさ》という服装で洋式剣付き鉄砲を持つようになった。これも鉄砲組ならではのことである。

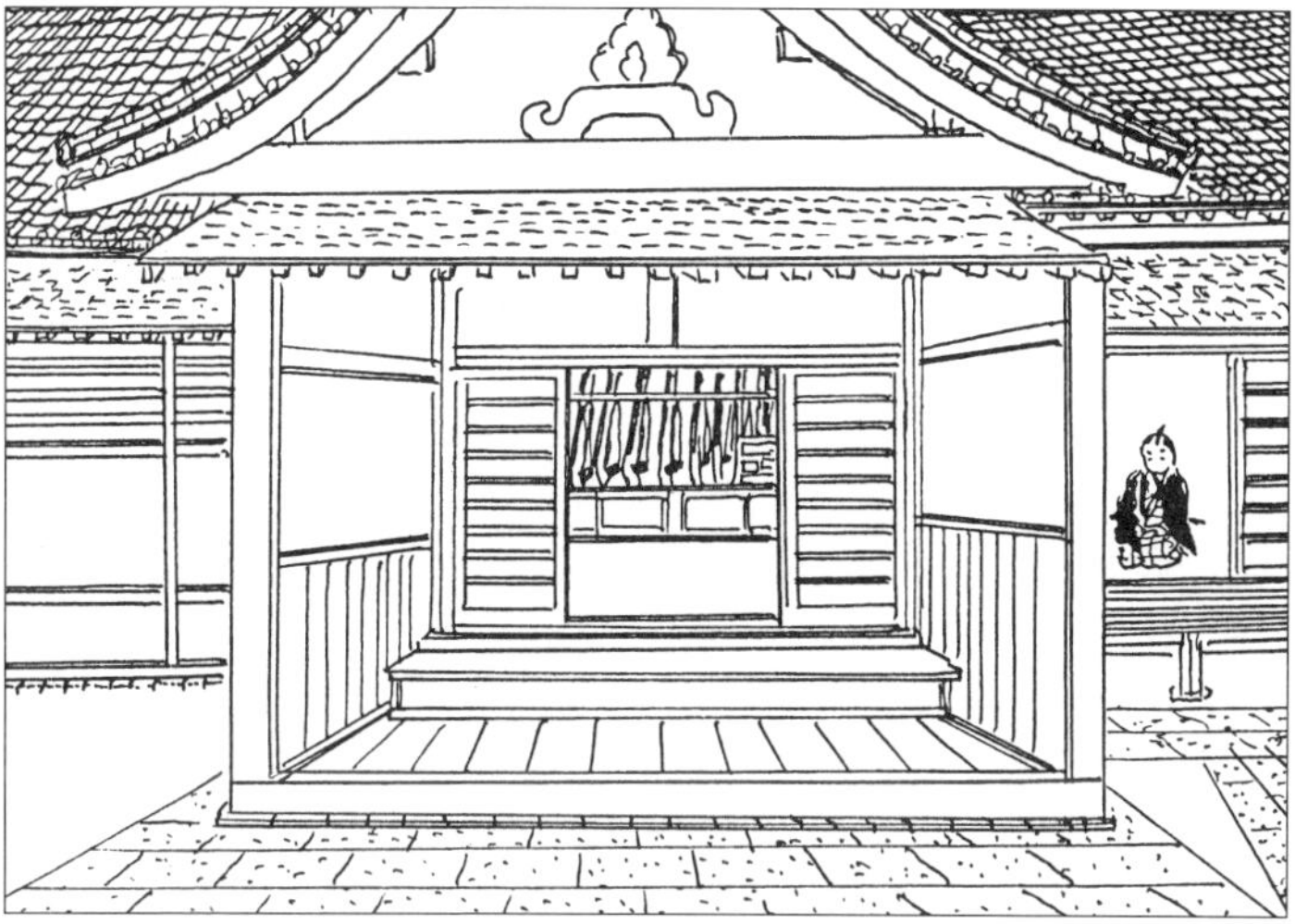

町奉行所の玄関正面には、鉄砲組の象徴として、磨き上げられた鉄砲と弾丸を入れる胴乱《どうらん》が飾ってあった。正門から玄関には敷石が整然とならべられていた

〈幕末の与力《よりき》・同心《どうしん》〉
与力は、筒袖《つつそで》の小袖に袴《はかま》、同心は筒袖の小袖に裁着袴《たっつけばかま》（上下を合わせて筒袖ダン袋と呼ばれた）、陣笠《じんがさ》をかぶり輸入鉄砲を持って警戒して歩いた

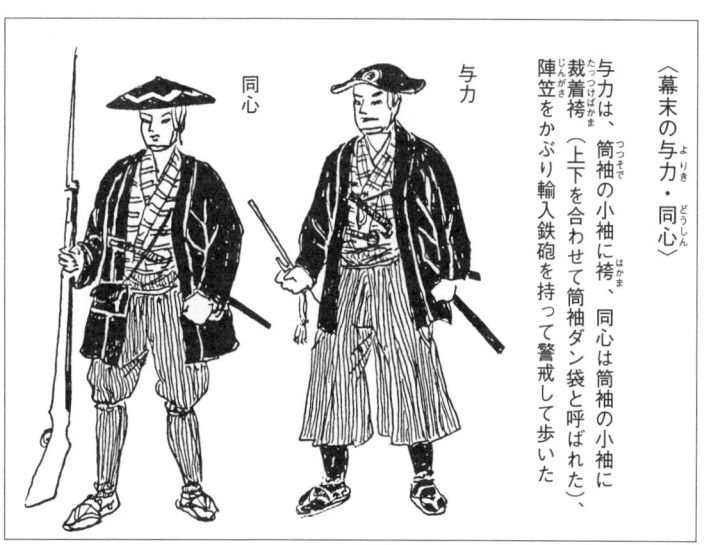

粋《いき》でお洒落《しゃれ》な町奉行所同心《どうしん》

町奉行所の同心は、与力とともに映画やテレビの時代劇にもっとも多く登場する武士といえるが、その独特な服装や結髪《けっぱつ》が間違えて表現されていることが多い。そのためここでは同心の正しい容姿を解説したい。

同心は、戦時の足軽《あしがる》であり、御目見《おめみえ》以下（将軍にお目通りできない身分）の禄高三十俵二人扶持《ぶち》と、ごく低い身分であるが、八丁堀の組屋敷《くみやしき》に住み、庶民と身近な関係にあるため、他の役職に属する同心級とは一見して区別がつくほど粋で、江戸っ子調であった。結髪からして庶民的で、髱《たぼ》（髪の後方下に張り出た部分）は一般武士のように引っ詰め（長く出さない）にしないで長めに少し膨らまして結い、丁髷《ちょんまげ》も一般武士よりやや細めにして鬢付油《びんつけあぶら》で固め、その髪先を舐めにした。これを小銀杏《こいちょう》といった。そして鬢《びん》の毛は月代《さかやき》から頬にかけて一直線に剃り下ろした。これが八丁堀風と呼ばれた町奉行所同心の独特な結髪の特徴である。

同心の定服は黒の紋付羽織《はおり》に格子か縞の着流し姿で大小二刀を差した。羽織は現在の茶羽織のように短く見せるために裾《すそ》を内側に上げて帯に挟み込んだ。これを巻羽織《まきばおり》といった。羽織の裾が大小刀の鞘《さや》で持ち上がらないので、粋でかつ実用的であった。同心は禄高こそ少なかったが、大名屋敷や町内からの付届けが多かったので、着物は黄八丈など高価で洒落《しゃれ》たものを着流し、博多帯を締め、十手《じって》は懐中に差して、朱総《しゅぶさ》を垂らすか、背後の帯の結び目のところに見えないように差した。そして白足袋《たび》に雪駄《せった》履きで颯爽《さっそう》と歩いた。夏は一文字笠をかぶり、冬は頭巾《ずきん》の着用も許されていたが、野暮《やぼ》として老人以外は用いられなかった。

そして同心は、御用箱を背負い木刀を背に差した中間と、ときには手先の者を供に従えて見回りをした。

〈一般武士の髪形〉
頭後の下の髱《たぼ》を引っ詰めに結い、丁髷《ちょんまげ》は同心より太く、月代《さかやき》から頬の鬢《びん》も顔に沿っている

〈町奉行所同心の髪形〉
頭後の下の髱《たぼ》を膨らませ、丁髷《ちょんまげ》は細めで、鬢《びん》も月代から頬に一直線に剃り下ろした小銀杏《こいちょう》髪

〈颯爽《さっそう》と歩く同心の着流し姿〉
黒の紋付羽織を巻羽織にし、格子の着流しに博多帯、懐中には懐紙・財布・十手を入れてふくらまし、足もとは白足袋に雪駄履きである

将軍が上野東叡山寛永寺にお成りのときには、御成街道《おなりかいどう》にゴザを敷いて庶民が平伏するので、同心はその警備にあたった。「御成先着流し御免」といって、その折りも羽織に着流し姿であった。そして犯罪情報収集のために御徒町あたりの銭湯の朝湯（女湯）に無料で入った。将軍お成りの地域は火気厳禁であったが、この地域の銭湯にかぎっては湯をわかすことが許された

日髪日剃《ひがみひぞり》と女湯入りは与力《よりき》・同心《どうしん》の特権であった

町奉行所の与力・同心のみ日髪日剃といって、毎朝、髪結床《かみゆいどこ》が来て結髪《けっぱつ》し月代《さかやき》をきれいに剃ってくれた。上級武士以外の一般武士や他組の与力・同心はとても日髪日剃はできなかった。これには理由があった。それは髪結床には客より市中のいろいろなニュースが入るからである。その中から犯罪に関する必要な情報を得るため町奉行所は髪結床に毎朝出張させ、そのかわり免税の特典を与えたのである。また江戸府内の髪結床には、町奉行所の近辺で火事があったときには、町奉行所の書類の運び出しと保管が義務づけられていた。

さて女湯入りのことであるが、これは八丁堀の七不思議として「女湯の刀掛《かたながけ》」として伝えられている。町衆が集まる銭湯《せんとう》は世間話が頻繁《ひんぱん》に交わされる情報の宝庫であり、与力・同心が男湯に入浴中であるとわかると町衆は世間話をひかえてしまうので、早朝の女湯を留湯《とめゆ》にさせて入浴し、女湯から男湯で交わされる市中のさまざまな情報を収集した。このため女湯に刀掛があったわけである。その見返りとして銭湯には一年分の使用料としてわずかな米か包金《つつみきん》が渡された。与力・同心は中間や小者に湯道具を持たせ早朝の女湯に入り、刀掛に刀を掛け、朝風呂につかって聞き耳を立てたのであるが、見ようによって実に優雅である。当時は一般の女房や娘たちは朝湯に行くことはほとんどないが、町芸者は承知で入ってくることもあったという。映画やテレビの時代劇でも、以上のような与力・同心の独特な風俗をもっとうまく表現しても良いと思う。

ちなみに寛政三年（一七九一年）に老中松平定信が寛政の改革の一つとして混浴（入れ込み湯）の禁令をだすまでは男女混浴の銭湯が多かった。⬇「江戸の風呂屋は男女混浴？」（148ページ）参照

月代《さかやき》から頬まで鬢《びん》を一直線に揃えた粋な八丁堀風髪形

与力・同心は毎朝日髪日剃に来る髪結床から犯罪に関連する情報を得た

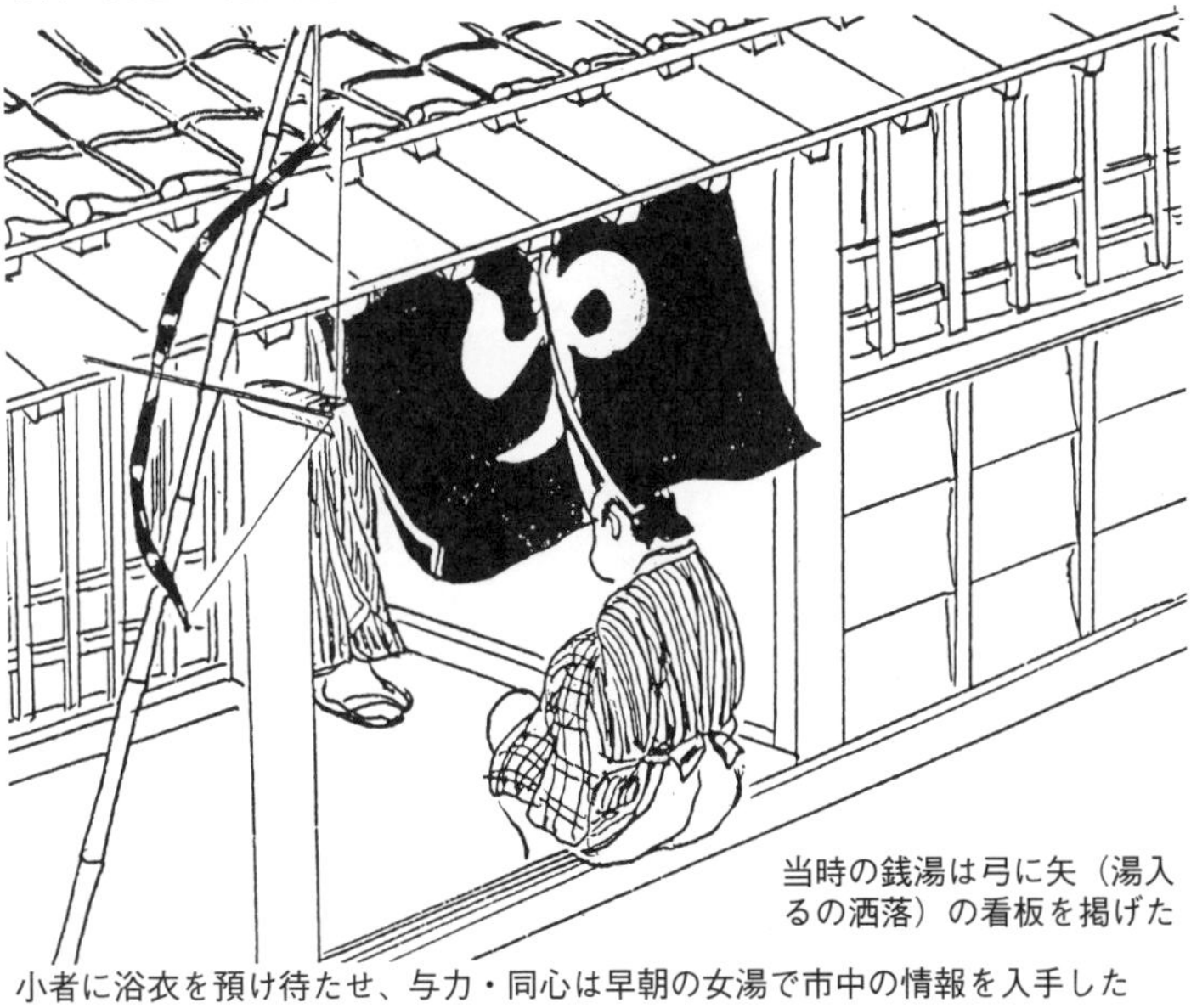

当時の銭湯は弓に矢（湯入るの洒落）の看板を掲げた

小者に浴衣を預け待たせ、与力・同心は早朝の女湯で市中の情報を入手した

これが与力《よりき》・同心《どうしん》の正しい出勤《しゅっきん》・出役《でやく》姿

町奉行所与力のふだんの出勤姿は継裃《つぎかみしも》（肩衣《かたぎぬ》と袴《はかま》が同質・同色でないもの）に平袴、白足袋に白鼻緒の雪《せっ》駄《た》履きで、供揃《ともぞろ》いに草履《ぞうり》取り、槍持ち、挟箱《はさみばこ》持ちを従えた。ときには若党《わかとう》も連れた。文久二年（一八六二年）には、左図のごとく羽織袴《はおりはかま》姿に定められたが、二、三年でもとの継裃姿にもどった。

与力はすぐに出役《でやく》の態勢が取れるように、挟箱《はさみばこ》に「要用十五点」を常時収めていた。それらは熨斗目《のしめ》（小袖）、麻裃《あさがみしも》、紋付《もんつき》、裏付肩衣《うらつきかたぎぬ》、縞の着物、紋付着物、野羽織、野袴、馬乗袴、野服（半纏《はんてん》・股引《ももひき》）、帯、帯締、脚絆《きゃはん》、紋付黒羽織、黒羅紗《らしゃ》羽織のほか、白帷子《しろかたびら》、白足袋、紺足袋などで、旅費用の金も入れてあった。

さて、次に映画やテレビなどの時代劇の捕物場面で与力と同心の姿に混同や誤解が多いので、与力・同心の出役姿を解説したい。町奉行より捕物出役の命令がでると、『江戸町奉行事蹟問答』によれば、火事羽織、野袴、陣笠姿で両刀を差し右手には指揮十手《じって》を持つとある。

通常の出役は与力一人、同心三人で、与力は指揮と検使役で、直接の捕物は同心が行った。同心の手に余る場合のみ与力は手をだした。同心は麻裏《あさうら》の鎖帷子《くさりかたびら》の上に半纏、股引、ときには籠手《こて》、臑当《すねあて》をつけ、鎖入りの白木綿の鉢巻と手襷《てだすき》をし、刃引《はびき》の脇差《わきざし》一本を差し、足は脚絆《きゃはん》に草鞋《わらじ》履きで、十手を持つという出役姿であった。本来は十手で相手の刀をからめとるのであるが、刀を振り回されて十手では受けきれないときは、刃引の刀を抜いて対抗した。刃引の刀は刃を潰して斬れないようにした刀であり、これは斬り殺すのではなく、あくまでも相手に対抗して、生かして捕縛するためのものであった。

奉行所より出役《でやく》する与力・同心

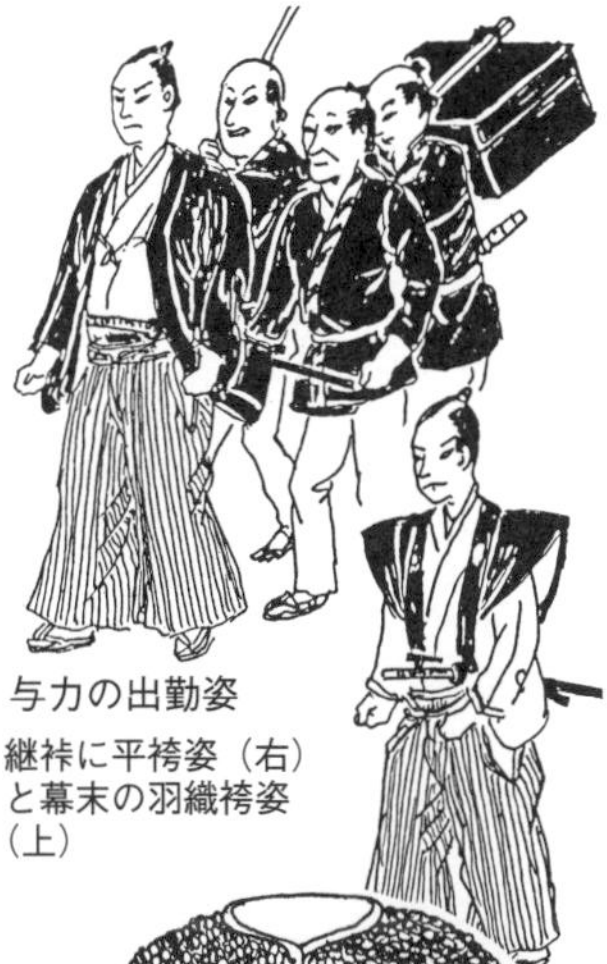

与力の出勤姿
継裃に平袴姿（右）と幕末の羽織袴姿（上）

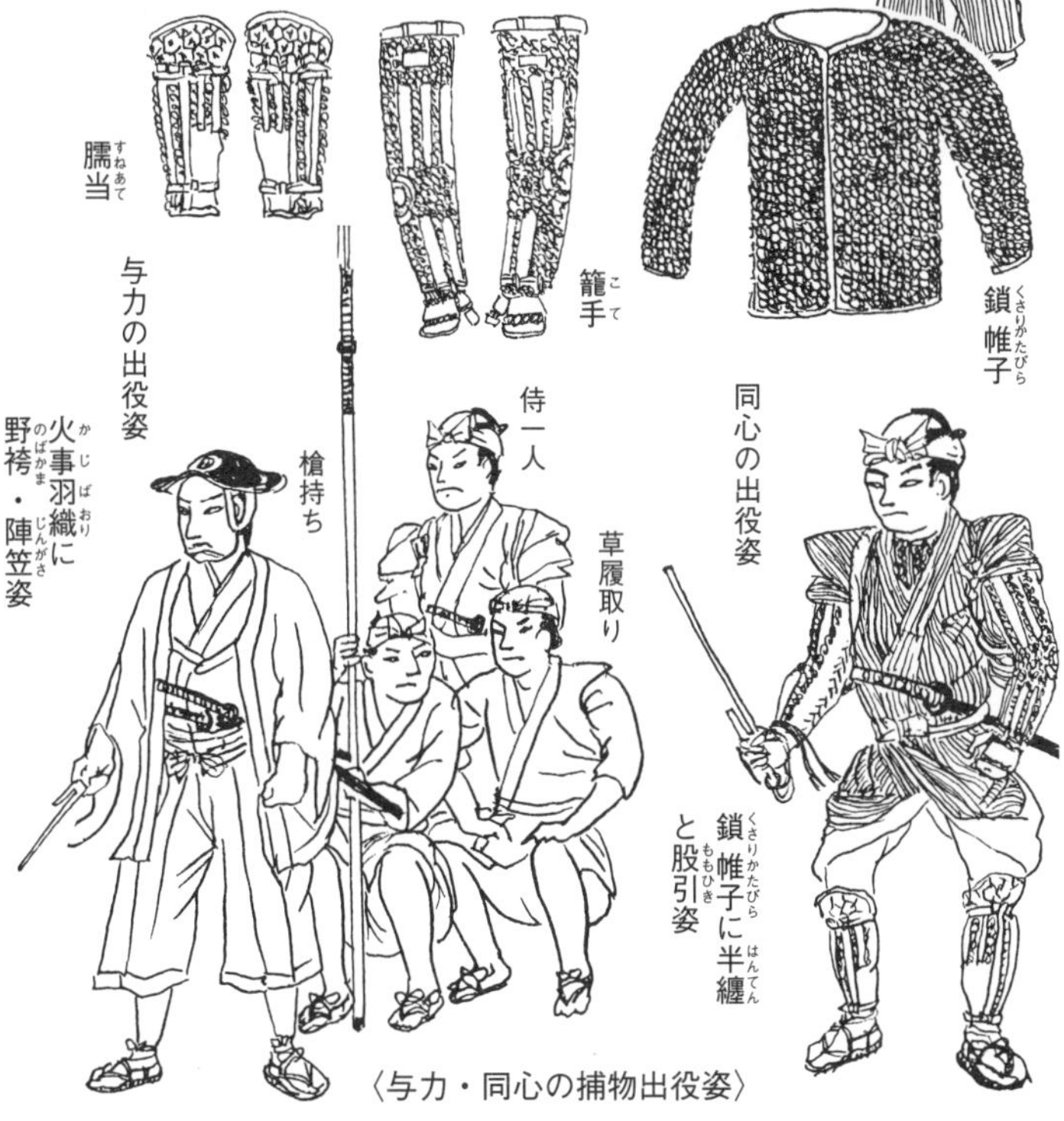

〈与力・同心の捕物出役姿〉

半七や銭形平次などの岡《おか》っ引《ぴ》きは二足《にそく》の草鞋《わらじ》を履《は》いたやくざもの

時代劇では半七や銭形平次などの岡っ引きは親分と呼ばれ、庶民から慕われる正義の味方のように描かれているが、その多くは同心に取り入って犯人逮捕に協力しながら、一方でやくざ稼業のお目こぼしをもらう二足の草鞋を履いたやくざ者であった。岡っ引きは江戸では御用聞きとも呼ばれ、関八州では目明《めあか》し、関西では手先、口問いなどと呼ばれた。同心にとっても、犯罪者の情報に通じた岡っ引きを個人的に抱えておくことは「蛇《じゃ》の道《みち》は蛇《へび》」の譬《たと》えのように捜査には便利であり、みずからの手柄にもつながった。岡っ引きは同心から月に二分ほどの小銭をもらったが、同心への口利きなど町内からの付届けや博奕開帳《ばくち》、引合抜き（犯罪にかかわった者を金銭で除外してあげる）の収入があり、なかには料理屋などの商売をする者もあり、生活には余裕があった。多数の手下や下っ引きを抱え、町内の顔役として幅を利かせる岡っ引きもいた。

地方では特に顕著で、関八州取締役出役は博奕を取締り処罰する権限を与えられていたが、その道案内は博奕打ち兼業の二足の草鞋を履いた目明し（岡っ引き）であった。この目明しが商売敵《がたき》の博奕打ちの召捕りに協力したので、関八州取締役出役はかえって博奕打ちの勢力拡大に協力することになってしまっていた。

岡っ引きは同心から配下のしるしである自筆の「手札《てふだ》」をもらい、私物の房なしの粗末な十手《じって》で同心の捕物の下働きをした。しかし、岡っ引きは奉行所勤めでも奉公人でもないので、時代劇のようにいきなり十手を振り上げ「御用」とか「神妙にしろ」などといって犯人の捕縛はできなかった。人を捕縛する場合は、同心から「御手当の事」と書いてある令状をもらってはじめて代行として召捕ることができた。

町奉行所より臨時に貸し与えられた素十手《すじって》や縄で犯人逮捕に協力する岡っ引き。通常は捕物が終われば返却する

〈二足の草鞋《わらじ》を履いた岡っ引き〉
岡っ引きの多くはやくざ者であり、自分の島《しま》（縄張り）を見逃してもらうために、一方では、岡っ引きとして同心や八州取締役に従って犯罪人逮捕に協力するという二足《にそく》の草鞋を履いていた

蛇の道は蛇で、同業の博奕場に出入りして容疑者の情報を探る岡っ引き

時代劇の誤解だらけの岡っ引《おかぴ》き

人々が楽しんで見ている時代劇に水をさすようだが、半七や銭形平次に代表される岡っ引きは二足の草鞋を履いたやくざ者であり、けっして民衆の英雄ではない。ときには御用聞きと称して「お上」から十手《じって》・捕縄《とりなわ》を預かっているというが、町奉行所では十手も捕縄も預けていない。同心には実質的に雇用した小者《こもの》という配下がいて、岡っ引きはこの小者に代わる同心の私用の手先ともいうものである。本来は宝永・正徳年間（一七〇四～一六年）に京都で、役人が囚人を連れて歩き共犯者を指名させて、そのかわりに罪を免除するということが行われ、これを目証《めあか》し→目明《めあか》しと呼び、犯罪者に共犯者を密告させることからきたものである。

時代劇では、この岡っ引きが大きな顔をして町奉行の大門を堂々と出入りしている場面があるが、これはとんでもない誤解である。岡っ引きは町奉行所の人員ではなく、あくまでも同心の私用の手先であるので、万一町奉行所に用のあるときは大門の脇の潜り戸から出入りしなければならない。

岡っ引きの持つ十手《じって》は町奉行所から下賜《かし》されたものではないので、柄《つか》に籐か糸を巻いた粗末なものである。映画やテレビの時代劇などで岡っ引きの半七親分が神棚に紫房の十手を三方《さんぽう》に載せて供えている場面があるがこれも間違いである。南北町奉行所の同心は紺と緋の紐で柄を巻いた房付きの十手を使用し、手柄のあった同心のみが恩賞として紫房が許された。この紫房を用いるはずはないのである。さらに岡っ引きがこれ見よがしに十手を腰帯に差している場面があるがこのようなこともない。同心すら十手を見せないように懐中に入れておき、必要のあるときに「御用の筋の者だが」とだして見せる程度であった。

懐中から十手をだして構える同心

十手は官給品で岡っ引きがお上から十手を預かっている者だ」と示すのは間違い

岡っ引きが町奉行所の大門を堂々と出入りするのは間違い。潜り戸から出入りする

時代劇で岡っ引きの半七親分が紫房の十手を神棚に載せているのは間違い

岡っ引きの子分を下っ引きとよび、御用聞きとよぶときはその子分を手下とよんだ

遠山の金さんはその場で「打首獄門《うちくびごくもん》」とは言えない

遠山の桜吹雪の彫物《ほりもの》で有名な、映画やテレビ、時代小説で人気の遠山の金さんが長裃《ながかみしも》姿で直接犯人を取り調べ、白洲《しらす》へ降りる階段に片足をかけて、裃《かみしも》と片肌脱いで桜吹雪の彫物《ほりもの》を見せながら大見栄をきり、その場で「打首獄門」と裁きを申し付けるハイライトシーンがあるが、実際にはこんなことはあり得ない。長裃姿は五節句などの登城姿で、普段は麻製の麻裃《あさがみしも》姿である。もちろん、白洲に拘引《こういん》された容疑者に町奉行みずからがその度量と知略をもってなだめすかしたり脅《おど》かしたり、または「それ強情な奴じゃ、拷問《ごうもん》にかけい」ということもない。取り調べにも順序があり、拷問も町奉行が勝手に命じることはできなかった。

町奉行は非番の与力《よりき》・同心《どうしん》に事件を審議させ、罪案を作らせて死罪や流罪、重追放などの重罪に該当する事件は御伺書《おうかがいしょ》を作成して老中の決裁を受け、その決裁により、裁きを申し渡した。それ以外の犯罪は手限《てぎり》裁判（手限仕置《てぎりしおき》）といって、作成された罪案に対して容疑者に念を押し、確かめ、刑を宣告した。

町奉行はたいへんな激務で、午前中に江戸城に登城して老中に報告し、打合せをしたり、三手掛《さんてがかり》（月番奉行と大目付・目付の立合裁判）、五手掛（寺社奉行・町奉行・勘定奉行・大目付・目付の立合裁判）などの裁判に出席した。裁判中の町奉行の振る舞いは厳格そのもので、『江戸町奉行事蹟問答』には「裁判席にて奉行の行儀は威権を重《おも》んじ、職掌柄謹慎《きんしん》を専《もっぱ》らとし行儀正しく座席敷物は勿論…湯茶も喫せず暑中扇遣ひもせず」とあり、出火急御用以外は座も立たず膝も崩さず、まして遠山の金さんのように肌脱ぎになって啖呵《たんか》を切ることなどありようがなかったのである。

町奉行の遠山金四郎は、その場で打首獄門の判決を言い渡すことはない

町奉行は重罪については、老中の決済を得てからでないと判決を言い渡すことができなかった。そして町奉行には裁判官としての威厳が求められた

これが町奉行の取り調べと裁《さば》きの申し渡し

町内で起きた軽犯罪は自身番の奥の板の間に容疑者をつないでおいて、回り方同心《どうしん》が訊問《じんもん》し、容疑が晴れない場合は大番屋《おおばんや》に連行する。いきなり奉行所へ連行することはなかった。大番屋の取り調べで決着がつかないときには奉行所に連行し、吟味方与力《ぎんみかたよりき》が白洲《しらす》で取り調べ、そこで容疑が固まると、町奉行所の入牢証文を持って伝馬町の牢屋敷に容疑者を送り込む。それからは、容疑者を牢屋敷から呼びだしたり、牢屋敷で取り調べたりする。吟味方与力は容疑が固まると調書を作成し、御用部屋同心が裁きの申し渡し文を作成し、町奉行に提出し、町奉行はこれにもとづいて裁きを下した。死罪や流罪、重追放などの重罪に該当する事件は御伺書《おうかがいしょ》を作成し、町奉行に提出し、町奉行は老中（老中は将軍の決裁を受ける）の決裁を受け、容疑者に裁きを申し渡す。生命刑は吟味方与力が牢屋敷に出張して容疑者に申し渡した。

町奉行の取り調べる部屋は三間に仕切られ、一番奥中央に町奉行が座り、次の間に吟味方与力と書役同心、白洲に近い座敷に立合同心が座し、その下の白洲の左右に蹲居《つくばい》同心が控える。白洲中央には下男に縄尻をとられた容疑者が座り、容疑者の後方の左側に町役人や町名主、家主、右側に原告がそれぞれ薦敷《こもじ》きに座る。

町奉行は直接容疑者には質問しない。吟味方与力に質問し、吟味方与力が容疑者に質問して返事をさせ、その内容を町奉行に伝える。ただし、身分の高い容疑者には口書爪印《くちがきつめいん》をしてある調書をもとに奉行が直接確認した。しかし重大事件は一手掛の立合裁判であるから、吟味方与力の取り調べの確認に過ぎなかった。軽犯罪や中追放までの犯罪については、町奉行は自身の判断で裁きを申し渡した。これを手限《てぎり》裁判といった。

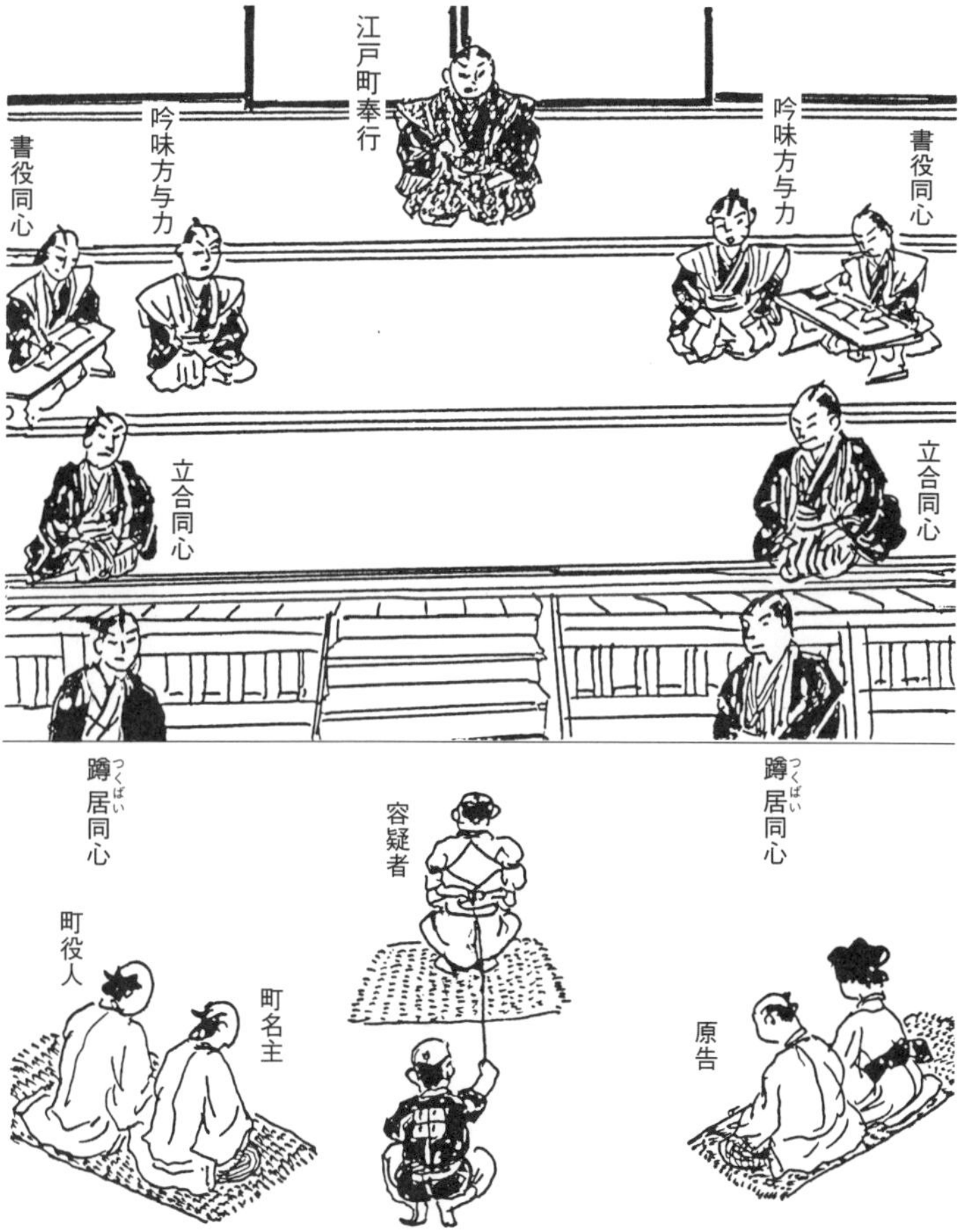

町奉行の取り調べる部屋は三間に仕切られ、前は三尺の板縁、中央に一間《いっけん》幅三段の階段がある。上図にはないが、白洲の入口には六尺棒を持った同心が立ち、後方の塀ぎわには石抱きの石（伊豆石）と十露盤（三角に削った材木）、吊し責め用の太縄ほか六つの拷問道具が威嚇用に備えてある。容疑者は取り調べや裁判に出廷した町名主と家主に日当を支払わなければならなかった

町奉行所は老中の許可なしでは拷問《ごうもん》はできなかった

映画やテレビの時代劇では犯罪の容疑者がなかなか白状しないと、町奉行や与力《よりき》・同心《どうしん》が「しぶとい奴じゃ、それ拷問にかけい」などといって、町奉行所の御白洲《おしらす》で笞《むち》打ち、石抱き、海老《えび》責め、吊し責めなどにかける場面がでてくるが、町奉行所ではけっしてそのようなことはしなかったし、設備も無かった。取り調べの御白洲の背後の壁には拷問用の道具が立て掛けてあるが、これは容疑者への威嚇のためのものであった。吟味方与力がきつく問いただしても自白しない容疑者は、伝馬町の牢屋敷に送られる。その間に書記役の同心が容疑者の犯罪の証拠を揃え、書類を作成する。それをもとに吟味方与力は容疑者を牢屋敷から呼びだして取り調べ、自白すれば、中追放以下の軽犯罪であれば、町奉行に裁きを下してもらう。

容疑者を数回取り調べ、証拠が歴然としていても自白しない場合に、はじめて責問《せめど》い・拷問の御伺書《おうかがいしょ》を作成し町奉行に提出する。町奉行はその御伺書を老中に提出し、その決済を受け、拷問は牢屋奉行（囚獄《しゅうごく》）の石出帯刀《いしでたてわき》の支配する牢屋敷で行われた。吟味方与力は書役同心、小者を連れて小伝馬町の牢屋敷に出張し、容疑者を穿鑿所《せんさくじょ》に引きだし、再度自白をうながしても聞き入れない場合に、主任与力、徒目付《かちめつけ》、小人目付の立合いのもとに責問いをかけて取り調べた。左図下が牢屋敷の見取図である。牢屋敷には牢屋奉行のほか諸役の同心が約五十名、そのほか牢屋下男《しもおとこ》、牢屋医師などが所属していた。職業柄外部では卑下されたが、囚人の身寄りからの付届けが多かったという。牢屋敷の中央に玄関と責問いの取り調べの行われる穿鑿所があり、玄関の左側の塀の外側に拷問蔵がある。

容疑者を自白させるために責問《せめど》いや拷問にかける必要がある場合、町奉行は御伺書を老中に提出し許可を得なければならなかった

責問い、拷問の必要性を確認し許可を与える老中

責問い、拷問の許可の決済書を吟味方与力に渡す町奉行

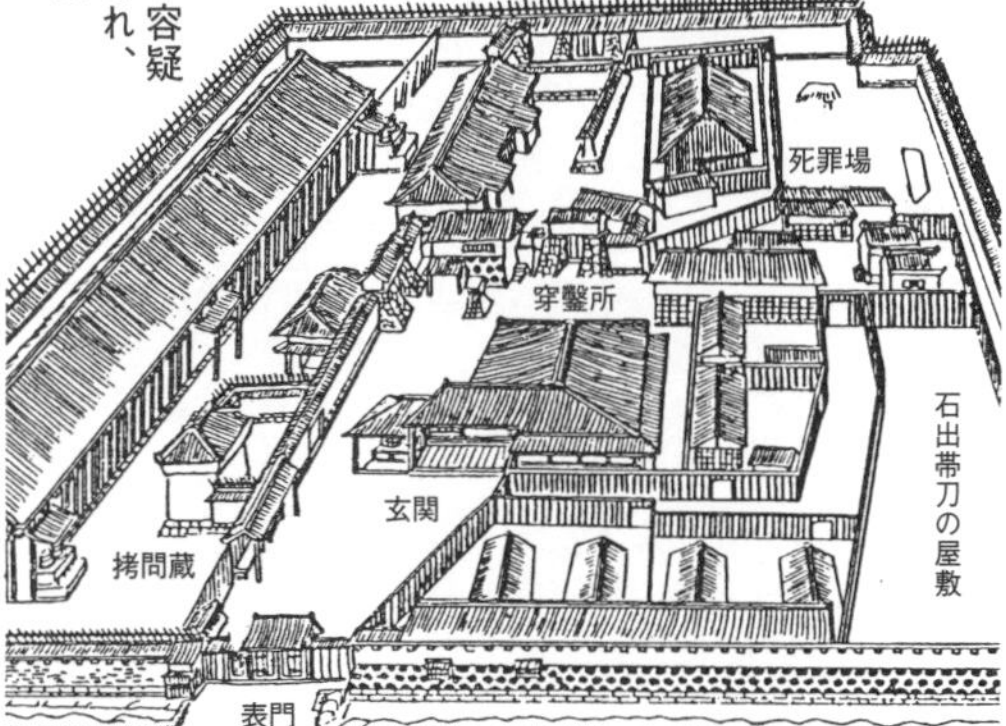

小伝馬町の牢屋敷。容疑者や犯罪人が収容され、刑の執行も行われた

牢屋奉行の石出《いしで》帯刀《たてわき》

拷問《ごうもん》方法は責問《せめど》いと拷問の二種類に分けられた

町奉行所には拷問の設備がないため、拷問は牢屋敷で行われた。古くは重軽罪の別なくあらゆる拷問がなされたが、行き過ぎを規制するため、享保以後、笞打《むち》ち、石抱き、海老責《えびぜ》め、吊《つる》し責《ぜ》めの四種に限られ、町奉行所の吟味方与力《ぎんみかたよりき》と同心《どうしん》が出張し、徒目付《かちめつけ》、小人目付の立合いのもとで行われた。このうち笞打ちと石抱きが責問い（牢問い）となり穿鑿所《せんさくじょ》の白洲《しらす》で行われ、海老責めと吊し責めが拷問として拷問蔵で行われた。

きびしい責苦を知りながらそれを受ける容疑者は、いかなる責苦にあっても自白しなければ与力の思い違いとして許されると思っているもの、自白すれば他人まで巻き込むため自分一人で背負って責苦《せめく》を受けようとするもの、自白すると牢内で軽蔑《けいべつ》されるから意地でも自白しないと覚悟《かくご》したものなどさまざまであり、むしろ吟味方与力の手腕は、容疑者のこうした心理を巧みにつかんで自白にもってゆくことにこそ真価が問われ、拷問で自白させるのは吟味上手とはされなかった。

さて責問いであるが、町奉行所の吟味方与力が再度自白をうながしても容疑者が応じないときには、まず笞打ちが行われ、それでも自白をしない場合は石抱きが行われた。拷問はさらにきびしい責めで、悲鳴も洩れない厚壁塗りの土蔵で海老責め、吊し責めが行われた。この責問い・拷問による取り調べは一刻（約二時間）を限度とされ、牢屋医師が手当てをして牢屋に戻した。この苛酷な拷問で責め殺すことがあっても手落ちにはならなかった。そして、この繰り返しの拷問でも自白しない場合は、町奉行が老中に経過報告をし、自白しないことは犯罪事実を認めたものとし、その容疑の罪の刑が宣告された。これを察斗詰《さっとづめ》といった。

穿鑿所で行う石抱き（責問い）
十露盤の上で重い伊豆石を載せられる

穿鑿所で行う笞打ちと笞（責問い）
笞はひご竹を麻で包み観世捻で巻いた

拷問蔵で行う吊し責め
30分位で気絶する厳しい拷問

拷問蔵で行う海老責め
30分位で全身が鬱血する厳しい拷問

牢屋敷の掟《おきて》と生き地獄

囚人や犯罪の容疑者は牢屋敷に収容された。この牢屋敷を牢屋奉行（囚獄《しゅうごく》）が支配していたが、武士はこの役職を嫌がったので、石出帯刀《いしでたてわき》という名の者が世襲で務めた。（牢屋敷は21ページ参照）

囚人や容疑者が牢獄《ろうごく》に入れられるときには、まず裸にされて身体を点検され、身分によって区分された牢へ入れられる。御目見《おめみえ》以上の武士や身分の高い神官・僧侶は揚《あが》り座敷に、御目見以下の武士や女性は揚り屋、農民は百姓牢、一般庶民は大牢《たいろう》、無宿 者《むしゅくもの》は無宿牢にそれぞれ収容される。このため戯曲や小説などで、浪士（武士）などが大牢に入って、庶民にかわって牢名主《ろうなぬし》を懲《こ》らしめるという場面はすべて誤解である。

牢内は牢名主《ろうなぬし》と称する腕力のある者が支配し、見張畳と称し、畳を積み上げた上で威張《いば》って座り、その横に牢内添役《ろうないそえやく》、二番役、三番役などの役付きと称する横暴な配下が睨《にら》みをきかした。力の弱い一般囚人は一畳に七、八人が詰めて固まるという狭さで、収容人員が多すぎると、「作《さく》づくり」といって、弱い囚人が絞め殺されるという生き地獄であった。新入りの囚人は「蔓《つる》」（金蔓《かねづる》のことで金銭をいう）を密かに隠し持って入らないとキメ板できびしい虐待を受けた。多額の金子《きんす》を持ち込んだ者は穴《あな》の隠居《いんきょ》、隅の隠居などと呼ばれ優遇された。囚人には木綿の袷《あわせ》、単衣《ひとえ》などが支給されたが、多くは自分の着物を着た。しかし、新入りで「蔓」なしの者は、着物を取り上げられ、支給された御仕着せの衣服を着せられた。

このような牢屋敷の悲惨な様子は映画やテレビ、演劇などではあまり表現しないので、現代の留置場に入れられている程度にしか理解していない人が多いが、江戸時代の牢獄はこの世の生き地獄だったのである。

牢屋奉行《ろうやぶぎょう》　石出帯刀《いしでたてわき》となのる武士が姓名と職を世襲して勤めた。囚人をあつかうため卑しめられ、武鑑でも役職の末尾に記された。役職は与力よりも高い三百俵十人扶持

牢屋同心《ろうやどうしん》　牢内の取締り、事務、監督をした

牢屋下男《ろうやしもおとこ》　囚人の取り扱い、刑執行の手伝いをした

新入りの囚人は牢内での虐待をのがれるために、苦心して蔓《つる》（金銭）を持ち込んだ。なかには金銭を飲み込んでいく者もいた。蔓のない新人はキメ板で叩かれたり、大便を食べさせられたり陰惨を極めた

同じ十両でも昼の盗みは敲《たた》き放《はな》し、夜の盗みは死罪？

江戸時代、十両盗めば首が飛ぶといわれていたが、同じ十両でも盗みの種類により首が飛んだり飛ばなかったりした。昼の空巣《あきす》ねらいは十両以上の盗みでも死罪にはならなかった。これは人に危害を与えないことと、油断して盗まれる側にも手落ちがあるとした。盗んだ金額にかかわらず敲《たた》き放《はな》し（牢屋敷の門前での笞打ち刑で、背中を百敲きや五十敲きする）をして追放された。同じ十両でも、夜の盗みは強盗や追落《おいおと》し（追剥《おいはぎ》）として死罪にされた。昼の空巣でも帰宅した家人を脅迫したら窃盗《せっとう》から強盗《ごうとう》となり死罪となった。

そのため盗難や強盗にあった人は、盗賊が逮捕されて、盗まれた金額の届けをだすときには、十両を若干超えている場合は、後味が悪いので九両二分盗まれたなどと減額して死罪にならないように届け出た。

巾着切《きんちゃくきり》、掏摸《スリ》が十両以上スリ取っても、これまた所有者が油断《ゆだん》していたからという理由で、死罪とはならず入墨刑や敲き放しとされた。武士は油断するような不覚悟ではあってはならないという武家社会の思想が刑法にも反映されていたといえる。しかしこの掏摸も二度目捕まると増入墨《ましいれずみ》され江戸払いの刑にされる。これは江戸に定住できないのであるが、甲懸《こうがけ》・脚絆《きゃはん》・草鞋掛《わらじが》けの旅姿なら江戸市内を通行できた。旅の途中で江戸市中を通行しているということになり、あいかわらず掏摸ができた。しかし三度目に捕まると盗賊とされ、四度目には十両以下の金額でも死罪となる。

また、主人の金を盗んだ者は脅迫《きょうはく》して盗んだのではなくても主従の関係を重んじたことから、その金額が十両以上であると死罪とされた。武家中心の封建制度ならではの刑罰である。

〈掏摸《スリ》〉掏摸は他人の物をスリ取ることからきた宛字。巾着切《きんちゃくきり》は腰に下げた巾着をスリ取ることからきた名称

〈入墨の刑〉入墨は盗犯への属刑で、正刑の敲き刑や追放刑の付加刑として行われた。なお、刑でない彩色の入墨などは彫り物といって区別した

〈牢屋敷門前の敲き刑〉後方に右から石出帯刀、見回与力、検視与力、徒目付、小人目付が立ち合って刑が執行された

不倫《ふりん》の首代《くびだい》はいくら？

江戸時代は意外と密通《みっつう》が多かった。今日にいう不倫で、往時は姦通《かんつう》（夫のある女が他の男と姦淫《かんいん》をすること）ともいった。夫婦は人倫《じんりん》の基本であるという儒教思想から姦通は大罪とされ、江戸の初期の明暦元年（一六五五年）の御定書《おさだめがき》には、密通の現場を発見した夫は、妻と相手の男、姦婦姦夫《かんぷかんぷ》をその場で殺しても差し支えがないという規定があった。これを俗に「重ねて置いて四つにする」といった。しかし、帯刀《たいとう》をしていない庶民は、密通の現場を発見しても二人を殺害することは難しいので、家主を通じて町奉行所に訴えた。

寛保三年（一七四三年）の御定書追加では、密通の男は引き回し（裸馬に乗せ市中を引き回し恥辱《ちじょく》を与える刑）の上、獄門《ごくもん》（斬首《ざんしゅ》した首を刑場で三日間晒《さら》す刑）とし、女は死罪（斬首）とされた。しかし、この極刑でも姦通する者が多いことと、刑が重すぎるとの声もあってか、労役《ろうえき》刑となっていった。また、「内済《ないさい》」といって当事者が罰金を払って済ますようになり、享保十年（一七二五年）には、親戚縁者などが立合って大判一枚で内済するようになった。今日でいう示談金《じだんきん》による解決である。大判は庶民には流通していないので、大判一枚は十両に相当するが、実際は七両二分の価値だったので、七両二分が支払われた。このため世間は間夫《まぶ》七両二分（姦通料）などといって嘲笑した。大坂では、商業都市なので銀貨を用い、銀三百匁（五両）が内済料とされた。俗に「さわり三百」といわれ、姦通はほとんどが示談金で解決されるようになった。

また、間男の鼻をそいで追放することもあったと見えて、天明八年（一七八八年）に「鼻のさきは　そがれにけりな　いたづらに　我間男と　永寝せしまに」と小野小町の歌をもじった大坂版の狂歌がある。

姦通《かんつう》は、現場で捕えなければ証拠とならなかった

〈内済《ないさい》〉姦通の示談は、町奉行所が扱ったわけではなく、親戚縁者などが立合って内済とした。江戸では間男の首代は「七両二分」、大坂では銀三百匁が相場であった

男は主犯《しゅはん》で女は従犯《じゅうはん》という思想

江戸時代の「御定書百箇条《おさだめがきひゃっかじょう》」では、特殊な犯罪でないかぎり、男は主犯、女は従犯と見て処罰法が一段軽く定められていた。男には軽犯で敲《たた》き（笞打《むちう》ち）や入墨《いれずみ》の刑があったが、女にはなかった。駆落《かけお》ちにしても、裏道を抜け関所破りで捕えられると、男は関所脇で磔《はりつけ》の重刑とされるが、女は生命刑ではなく「奴《やっこ》」として遊廓などで一生奉公の身分にされた。女から誘った関所破りでも「男の案内の仕方が法に違反した」とされたのである。心中も男女双方が死に損なった場合は、日本橋の袂《たもと》に三日間晒《さら》されて男女とも被差別民の身分にされたが、男が死んで女が生きていれば、女は罪にならなかった。男に心中を強制されたと見なされたのである。ただし、主従《しゅじゅう》関係の心中ではその軽重が逆となり、主人が死んで、召使いの女だけが生き残った場合は、主殺しの罪として死罪にされた。これは、封建制度下では、主従の関係が最も重視されたからである。

　このように幕府の法律では、男女の犯罪では、男を主犯、女を従犯とする思想が一貫していた。責任を持つ男に厳しく、女は男に従うという男尊女卑の儒教思想から、むしろ女性にはいたわりとも見える刑法であった。このことは、たとえば将軍のお成《な》り（将軍が行事や所用で家臣を伴って行列して出かけること）の場合に、その通りの道では、庶民は並んで土下座《どげざ》して迎えなければならないが、女性にかぎっては、家の戸を開け放して、座敷に座って最敬礼すれば良いことになっていた。これは往来に座って土下座すると衣装が汚れるということを配慮したものである。いずれにせよ、このことは、男は一家を支える権威と責任をもち、女は内助の功をせよとする男尊女卑の儒教思想のもたらした裏腹の価値観のあらわれであった。

男女の関所破りは男が主犯とされた

関所破りの男は磔の重刑となった

心中で女だけ生き残った場合は、女は罪にならなかった

関所破りの女は奴《やっこ》の身分にされた

江戸時代の犯罪の処罰事情

町奉行所の管轄は庶民階級であり、辻斬り《つじぎ》（武士が庶民に対して刀の切れ味を試す殺人）などで捕縛された武士は、幕臣ならば評定所《ひょうじょうしょ》、藩士であれば、その藩に引き渡し、処分はそれぞれが行った。この場合、辻斬りをした武士は追放刑くらいで、庶民間の殺人のように死罪となることはほとんどなかった。

庶民の罪で一番重いのは親殺しである。封建組織の要は「忠孝《ちゅうこう》」であり、これを否定する親殺しは極刑として市中引き回しの上、打首となり獄門《ごくもん》に晒《さら》された。伯父・叔父・兄弟殺しも同様である。師匠殺しは三日晒しの上、鋸《のこぎり》挽《び》きとされた。これは土中に穴を掘って首だけ出して、かたわらに鋸を置いて、通行人に鋸挽きをさせる残酷な刑であり、誰も挽く者がいないので、首にちょっと傷つけ鋸で挽いたように見せ、三日目に斬首して獄門に晒した。正当防衛の殺人の場合でも遠島となった。ただし女性が操《みさお》を守るために殺人を犯した場合は無罪であった。馬車で人を轢《ひ》き殺したり、積荷が崩れて人を死亡させた場合は死罪か遠島となった。これらの死罪は老中の承認が必要であったが、軽犯罪は町奉行所の「手限裁判《てぎりさいばん》」で処罰された。ただし、傷害事件の多くは「内済《ないさい》」といって町奉行所が間に入って詫び代や治療代の支払いで決着させた。

博奕《ばくち》は幕府によって固く禁じられ、町奉行所と共に火盗改《かとうあらた》め（火付盗賊博奕改め）が厳しく取り締まった。ただし博奕の罪の多くが笞打《むちう》ちや入墨《いれずみ》の刑で済んだので、その効果は少なかった。詐欺《さぎ》は十両以上は死罪、以下は敲《たた》き、入墨、その品物が公儀《こうぎ》（幕府）に関係があれば死罪であった。恐喝《きょうかつ》は金額の多少にかかわらず獄門《ごくもん》とされたが、よほど凶悪な恐喝でないかぎり獄門刑にはならなかった。

傷害事件の多くは、奉行所が間に入って詫び代の支払いで決着させた

辻《つじ》斬《ぎ》り犯は、幕臣は評定所《ひょうじょうしょ》、藩士は藩に引き渡されて処罰された

凶悪な恐喝は獄門刑とされたが、軽いもの多くは説諭《せつゆ》をされて釈放された

博奕は厳しく取り締まられたが、処罰が軽いので効果が少なかった

武士は一人で公式訪問をすることはなかった

江戸の幕臣は上司・同格にかかわらず他家へ公式訪問をするときに一人で行くことはなかった。供揃《ともぞろ》えの人数や身なりまで、身分や役職に応じて厳密に定められていた。ただし、組屋敷など低身分で同輩の家が並ぶところでは隣家の木戸から着流し姿でお互いに訪ねることもあった。一般には、禄高百石取りなら槍持ち一人、草履《ぞうり》取り一人を連れ、身分の高い武家へ訪問するときは、挟箱《はさみばこ》持ちも連れていった。まず草履取りが訪問先の門番に主人の姓名を告げる。そして草履取りを従えて玄関に立って「頼もう」と声を掛け、応対する武家の雇い侍か子息に「ご免下され、誰某が参上仕《さんじょうつかま》りました。ご主人に拝謁《はいえつ》をお願い申したい」と告げる。

二百石以上で騎馬の者は門前で下馬し、槍持ち、馬の口取りを門前に待機させ、供侍か草履取りが門番に主人の姓名を告げた。門扉が開いてから草履取りを従え、玄関で応対の雇い侍に姓名と来意を告げる。「何卒お上がりください」といわれてから「忝《かたじけ》ない」と礼を言って式台にあがり、左手で刀を鞘《さや》ごと静かに抜いて右手に持ち替える。応対する雇い侍がその刀を預かり、袱紗《ふくさ》で鞘を持って応接の間へ案内した。

草履取りは主人の草履の裏と裏を合わせて、法被《はっぴ》を締めた帯に挟むか、懐中に入れる。そして槍持ち、挟箱持ちと共に門前の石畳の隅で待つ。たいていは門番のはからいで門番所の控室で待機し、茶や煙草盆のもてなしを受けた。馬の口取りは主人の馬を相手の屋敷の厩《うまや》の開いている所に入れた。

訪問者が帰るときは、屋敷の雇い侍が「○○家のお供の方」と事前に呼ぶで、草履取りは真っ先に玄関の脇に蹲踞《そんきょ》して待機し、主人の草履を投げ揃えた。そして訪問者は草履を履き、供揃えを整えて辞去した。

武士が他の武家へ訪問すると、まず相手の雇い侍か子息が応対に出た

二百石以上の武士が騎馬で訪
問するときは、門前で下馬し、
供揃えを待機させた

左手で刀を鞘ごと抜き
右手に持ち換えて預ける

来客の上席は庭の見える床《とこ》の間《ま》の脇だった

戦場で武功を立て出世をする機会のなくなった江戸時代の武家社会では、武士の役人化と階級の固定化が進み、禄高、役職、家柄の違いによる礼儀作法を守ることが厳しく求められた。相手の禄高が低くても役職の先輩に限っては、師匠役として礼を尽くさなければならないなど、今日からみると事細かく滑稽なくらい厳しかったが、この礼儀作法を守ることが、自分を守り、主従の絆《きずな》を維持してゆく唯一の処世方法であった。

他家へ訪問して、雇い侍の案内で客間に入るとき、主人がまだ来ない場合は、次の間に控えて待ち、相手が上位の身分のときは、扇子《せんす》を前に置いて平伏《へいふく》（真の礼）し、間をへだてて会話をした。相手が同格で客間に座ると、雇い侍が預けた刀を客の背後に置いた。雇い侍が不在のときは、訪問者自身が刀を右手に提げて自分の右側に置いた。刀を抜くときは鞘《さや》を左手に持ち換えるため、これも敵意を示さない礼儀であった。

同輩の者が訪ねてきたときは、玄関で立って迎え、上位の者には、玄関の式台の横に手をつき座礼で迎えた。座敷でも相手が同格であれば、床の間を左横にして座り、同等の位置で向かい合って対面した。相手が上位の者の場合は床の間の脇の上席に案内し、自分は下座に座った。これは、この位置が床の間の生け花や掛け軸、置物、庭の風景が見通せる最上の席だからである。床の間を背にするのが上席と思うようになったのは、芝居などで主君が床の間を背にして家臣などと対面していることからきた誤解である。

客が上位で数人のときは、床の間を背にして座ってもらう。茶菓は雇い侍が茶托《ちゃたく》を目八分の位置に持って上位の訪問者の順にだした。用件が済んで客が帰るときは、上位の客の場合は玄関座敷に平伏して見送った。

同輩や親しい友人の来訪はその屋敷の主人が立って出迎える
上役や自分より身分や禄の高い武士の来訪は主人が式台の横に手を付け平伏して迎える
屋敷の主人
上位の客（上席）
茶菓の給仕は雇い侍が行い、女性は出て来なかった。茶托は目八分の位置に持って静かに運び、上位の客から順番にだした

今日では床の間を背にした位置を単純に上席としているが、本来は、床の間の生け花や置物が見え、屋敷の庭が一望できる床の間の脇席が上席である。迎える屋敷の主人はむしろ床の間を背に客の視界をさえぎらない位置に座した

武士の妻は表玄関で夫を送り迎えすることはなかった

二百石級以上の御目見《おめみえ》の武家屋敷では「表」と「奥」が明確に区分されていた。「表」は男性用、客用であり、「裏」は女性用、家族用、使用人の婦女用であった。使用人から見ると「表」を統轄するのが主人の殿様であり、「奥」を統轄するのが文字通り奥様であった。

屋敷の玄関にも式台付きの表玄関と、玄関の脇にある「中《なか》の口《くち》」と呼ばれる内玄関があった。表玄関は公式の武家同士用であり、「中の口」はその家の妻女専用の出入口である。名主などの町人の訪問客もここを使い、使用人や注文取りや納品をする商人などは台所口（勝手口）から出入りした。

武士の訪問者があると、その家の武家奉公人である用人か子息が応対に出て主人に取りつぎ、婦女子は決して表玄関には出ない。主人が登城や外出するときも用人が見送り、妻が表玄関で見送りすることはなかった。主人が帰宅したときは、妻は表玄関から通じる内玄関の廊下で出迎え、袱紗《ふくさ》がわりに袂《たもと》の両袖で刀を受け取り、主人の座敷に付き従い、刀掛けに静かに置いた。

とくに雇いの武士や、使用人の女性などの礼儀作法は厳しく、主人から呼ばれたときは、廊下に手をついて挨拶してから、障子、襖をあけて一礼してから膝行《しっこう》して入り、静かに障子、襖を閉めてから一礼する。近くへと指示されたときは、さらに膝行する。距離があるときは立って歩き、畳一畳離れた位置に座って一礼して用件を聞いた。その場合、畳の縁は決して踏まず、畳と畳の間には決して座らなかった。これは畳と畳の間から刀で突き上げてくる襲撃に備えた戦時の作法の名残りでもある。

主人が帰宅すると武士の妻は表玄関に出ず、中の口の廊下で迎える
女性の礼儀作法は厳しく、主人に呼ばれたときは廊下に手をついて用を聞く

武士の訪問者があると、用人か子息が表玄関に出て応対する

与力《よりき》と同心《どうしん》の妻の「二つの何故《なぜ》」

前項でのべたように、幕臣の武家の家庭では、「表」と「奥」の二つにわかれ、女性はけっして表玄関に出ることはなかった。表玄関の来訪者には、雇い侍か子息が応対し屋敷の主に取りついだ。武士が登城するときも妻は表玄関で見送ることはなく、帰宅したときは表玄関に通じる「中《なか》の口《くち》」の廊下で迎え、刀を袂の両袖で受け取って付き従い、主人の部屋の刀掛けに置き、主人の着替えた衣服をたたんで整理をした。ところが江戸町奉行所の与力・同心の妻のみは表玄関に出たのである。それは何故か。

さらに「八丁堀の七不思議」の一つに「奥様あって殿様なし」という文句がある。これは町奉行所の与《よ》力《りき》・同心《どうしん》は御目見《おめみえ》以下の武士のため、通常であれば、庶民は、与力・同心を「旦那《だんな》」と呼び、その妻を「御《ご》新造《しんぞう》」と呼ぶところ、与力・同心の妻を「奥様」と呼んだということである。奥様は御目見以上の身分が高く禄高の多い武家の妻の呼称である。では庶民が与力・同心の妻のみを奥様と呼んだのは何故か。

それは、江戸町奉行所の与力・同心は江戸の司法警察を直接担当する庶民にもっとも関わり合いのある役職であり、与力・同心の屋敷だけは、庶民の訪問を玄関で受け付け、しかもその応対は男の使用人でなく、妻が出たためである。これは与力・同心が外出がちであることと、玄関に出るのが男性では訪問者が緊張して、訴訟事や内密の相談事を話しづらいだろうという配慮から、妻が応対してよく事情を聞くためであった。与力・同心の妻はこうした庶民の相談事の聞き役であり、対応も優れていたので、庶民は与力・同心の妻を「奥様」と持ち上げ、尊称したのである。

帰宅し着替える町奉行所与力
妻は夫より早く起床し、朝夕化粧をし、歯を染め丸髷《まるまげ》に結い、帯を御太鼓に結び、来客に備えて常に正装していた
袂《たもと》の両袖で刀を受け取る与力の妻

正装で客の応対にでる与力の妻
相談のため訪れる町人。連れの供の手には付届け

町奉行所の与力・同心の家には、庶民ばかりでなく、地方藩の留守居役が事件のときの処理・協力依頼のために付届けを持参することも多かった。「なにかわかりませぬが、一応お預かりいたします…」と、その応対も妻が適切にこなした

武士の妻が客の刀に触れるとき

武士が同格以上の武家を訪問したとき、玄関の式台から上がった座敷で左手で刀の鞘《さや》を持って腰から抜き取って、右手に移し、その屋敷の雇い侍に預ける。雇い侍は袱紗《ふくさ》で鞘の二か所を握って持ち、主人の居る応接の間に案内する。訪問する相手が役職・禄高とも高い場合は、応接の間の手前の部屋に座り、閉じた白扇を前に置いてから三つ指をついて、頭を深くさげ、訪問の挨拶をする。そして屋敷の主人が「もそっと近こう御座《ござ》れ」と声を掛けたら、主人のいる座敷に入る。他へ聞こえることを憚《はばか》る場合以外は、部屋の敷居を背にした位置に座る。身分の格差が少なく親しい間柄のときは向かい合うくらいに寄って対面して座る。

そのとき袱紗で刀を預かった屋敷の雇い侍が、客の後ろに鍔《つば》と柄を左側にして置いて立ち去る。後ろに置くのは、客としても害意のないことを示す礼儀作法であった。来客の刀を預かるのは屋敷の用人か雇い侍の役であるが、身分が低く貧しい武士同士では雇い侍がいないので、子息がその役をつとめた。

さて、ここで妻の登場だが、雇い侍のいない貧しい武士で、あいにく息子も不在のときは、屋敷の妻が客の刀を袂《たもと》の両袖を袱紗がわりにして受け取り、客の後ろに置いて一礼して立ち去る。袱紗や袂の袖で刀を受け取るのは、漆《うるし》塗りの鞘を傷つけないための作法であった。こうした貧しい武士同士の訪問は、来客が訪れると、妻女または成長した娘を応対に出させ、「お刀あげ」と命じて、客の刀を預からせ、主人のところに案内をさせた。また、水戸藩にかぎっては、奥方や娘が出て袱紗か袂の両袖で客の刀を受け取ることを認めていた。

雇い侍が客から預かった刀を袱紗で持って応接の間に案内をする
来客の武士

屋敷の主人
来客の武士

貧しい武士の家では妻か娘が袂の両袖で客の刀を預かった

雇い侍は預かった刀を客の後ろに置いた。害意のないことを示す作法である

武士の座礼《ざれい》に秘められた意味

今日では、まともな拝礼は、社寺参詣《さんけい》や葬式の弔問《ちょうもん》のときぐらいで、若い人たちには拝礼の作法を知らない人も多い。江戸時代は身分制度の時代であり、特に武家社会では拝礼は厳密であり、「真《しん》」「行《ぎょう》」「草《そう》」の三種に大別された。

同輩同士が往来で会ったり、親しい同輩を訪問したときの挨拶の礼は「草」の礼で、互いに停止して、両手をさげて目礼《もくれい》する程度で良かった。親しい上司や、勤務中などで上司に出会ったときは、停止して、両手を膝につけて丁寧《ていねい》に頭をさげる。これを「行」の礼という。貴人に対する「真」の礼は、親指を広げ人差し指と中指の左右を合わせ、菱形の空間を作り、その中央に顔を伏せて鼻が畳に着かんばかりに顔をさげて拝礼することで、俗にこれを三つ指をつくといい、最高の拝礼とされた。将軍などの貴人に拝謁《はいえつ》するときは、はるか下段に下がって座し、三つ指をついて頭を深くさげ、「顔を上げい」の声が掛るまで顔を伏せていた。

この三つ指をつく最高の拝礼である「真」の礼には、武士ならではの秘められた別の意味も込められていた。両手で作った菱形の空間になぜ顔を伏せるのか。これは武士の護身の心得でもあった。何かの理由で、座礼をした瞬間に侍臣などに後頭部を押さえつけられると、顔が畳に激突し、鼻を痛め、体ごと押さえ込まれるが、三つ指を立てることによって、菱形の空間に鼻が入るため、鼻が激突することが避けられ、臂《ひじ》の反動で顔を上げ抵抗の体勢をとることができるのである。今日では「三つ指をつく」とは女性の座礼の作法となっているが、本来は武士の自己防衛の心得をふまえた最高の拝礼なのである。

〈武士の拝礼の種類〉

「真」の礼
貴人に対する拝礼

「行」の礼
上司に対する拝礼

「草」の礼
同輩同士の拝礼

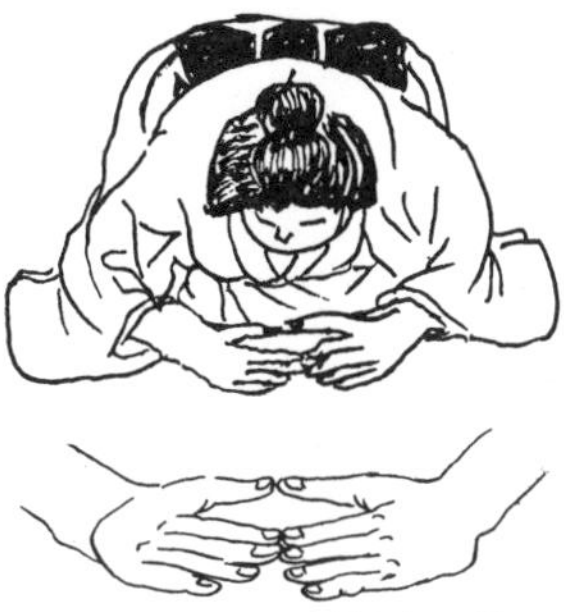

武士との婦女の「真」の礼
三つ指をついて平伏

〈「真」の礼に秘められた意味〉
突然に頭を押さえられても、三つ指をついて平伏していれば、鼻が手の菱形の空間に入るため防御ができ、臂の反動で顔を上げることができる

草履取《ぞうりと》りの妙技《みょうぎ》

武士は、出勤するときや他家へ訪問するときには槍《やり》持ち、挟《はさみばこ》箱持ち、草履取りを従えた。この三人だけは欠けると格好がつかず、これを三供《みつとも》といった。また口入屋《くちいれや》という人材派遣屋が奉公人として紹介する場合もあった。その三供のなかでも、武士はかならず草履取りを従えた。それは江戸時代は、現在と違って勤務する屋敷にも、訪問する家の玄関にも草履を置く下駄箱がなかったためである。大勢の武士が座敷に上がると、帰りに自分の草履が区別つかなくなるので、草履取りが自分の主人の草履を責任を持って保管したのである。そのためどれだけ多くの客が訪問しても玄関の式台には一足の草履もないが、訪問者の数だけ草履取りがいた。草履取りを抱えられない貧しい武士は、必要なときに口入屋から一日だけ草履取りを派遣してもらった。

草履取りは主人が草履をぬいで玄関の式台から座敷に上がると、その草履の裏と裏を合わせて法被《はっぴ》を締める帯にはさむか、懐中して保管した。そして玄関の脇か門番の控え所に待機する。主人が所用を済ませると、相手先の雇い侍が「誰某様、御家来」と声をかける。その声を聞いて草履取りは玄関に向かい、式台の横の位置で、三、四尺（約一メートル）離れたところから主人の足もとに草履をぴたりと投げ揃える。草履を投げるのはけっして乱暴なのではなく、主人に近づくと無礼であるためで、これも武家社会の厳密な礼儀作法であった。このため草履取りは日頃から草履を投げ揃える練習を欠かすことなくしていた。

口入屋から一日だけ雇った草履取りは、その日の主人の名を忘れてしまうこともあり、臨時の主人である武士が玄関で立ち尽くす事もあった。

紺法被《こんはっぴ》で背に木刀を差した

武士が座敷に上がると、その武士の草履取りが主人の草履を保管する

草履取りは主人の供をしているときは手ぶらである

草履取り

三、四尺（約1メートル）離れたところから主人の足もとに草履をぴたりと投げ揃える

間違いだらけの刀の掛け方

大小二刀は武士の象徴であり、仕官している武士は四六時中刀を手放さなかった。自分の屋敷にいるときでも脇差《わきざし》（小刀）だけは差している。将軍や大名も室内では脇差を差しており、それが常に臨戦態勢であるべきという武士の心得の一つとされた。トイレに入るときは不便であったに違いない。無刀の状態は入浴と寝ているときだけである。寝ているときでも、枕上《まくらがみ》のすぐ取れる位置に刀掛けを置いて、非常時に備えた。勤務から帰宅したときは、玄関の座敷で家臣に大刀のみを預けた。雇い侍のいない貧しい武士は息子か妻女に大刀を手渡した。他家を訪問した場合も同様に玄関で大刀のみを預けた。帰宅した主人から大刀を受け取った雇い侍は、主人の居間の刀掛けに大刀を掛けた。主人は寛《くつろ》いだときには小刀の脇差も掛けた。刀はいざというときのために、必ず大刀を上段に、脇差を下段に掛けた。

さて、映画やテレビなどの時代劇でこの大小二刀の柄《つか》を向かって左側にして刀掛けに掛けてある場面を良く見かけるが、これは間違いである。左手を伸ばして刀の鞘《さや》を持ち、右手で刀を抜くのが刀の抜き方であるから、これでは非常時の場合にすぐ対応できない。刀掛けに大小二刀を掛けるときは、鍔《つば》と柄《つか》とが向かって右側にくるようにし、刃が上になるように置いた。それが刀掛けに刀を掛ける武士の心得である。もちろん手に持って歩くときも、刃を上にして、すぐに刀を抜けるように刀は左手で鞘の口の方を持った。また、刀掛けに置いた刀の中央に袱紗《ふくさ》をかけることもあり、これは鞘の漆が傷まないようにするためと、妻や子息、家臣に持たせるときに、鞘や柄糸をよごさせないためである。

〈刀掛けに刀を掛ける心得〉

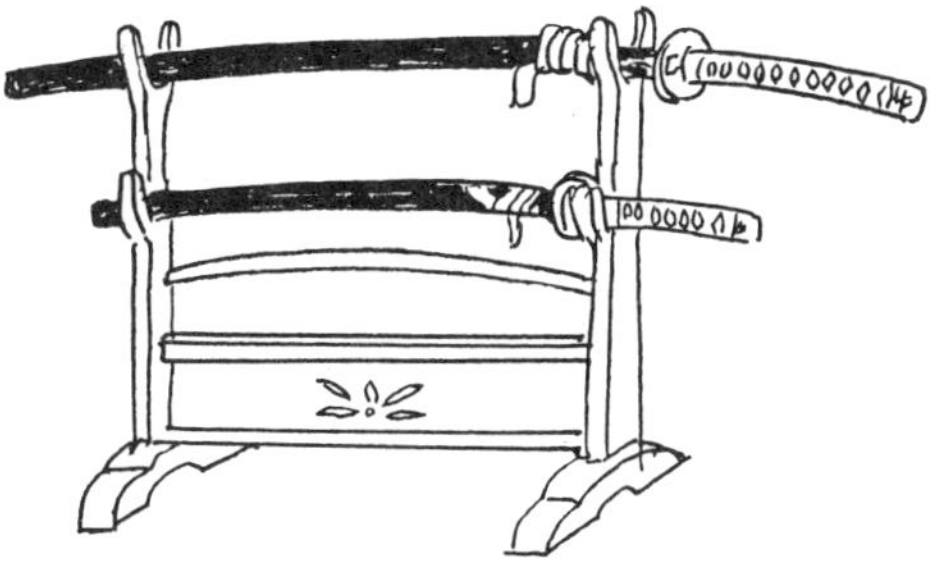

正しい刀の掛け方は鍔《つば》と柄《つか》が右側にくる

上図のように刀の鍔《つば》と柄《つか》が右側にくるように置けば、左手で鞘《さや》を握って、右手で刀をすぐに抜くことができる

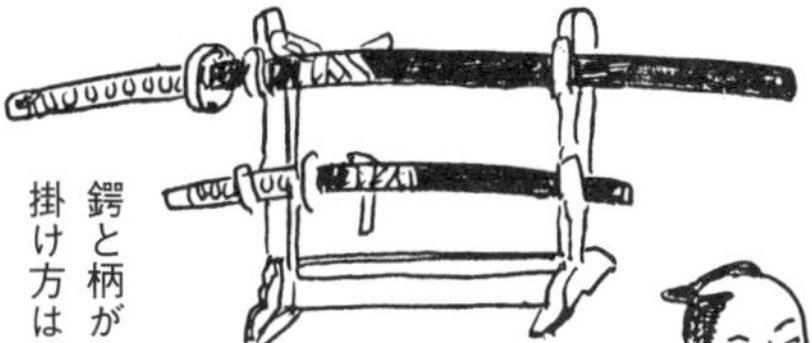

鍔と柄が左側にくる掛け方は間違い

左図のように刀の鍔と柄が左側にくるように置くと、右手で鞘を握り左手に置き換えてから、右手で刀を抜くため、すばやく臨戦態勢をとることができない

槍《やり》を長押《なげし》に置く正しい心得《こころえ》

江戸幕府は、幕臣が禄高によって揃えておくべき武器と兵力を軍役規定によって細かく定めていた。禄高百石級以上の武士は戦時、平時にかかわらず槍持ちが義務づけられた。古くは武士の家を「弓矢の家」といい、江戸時代は「槍一筋の家」といった。武士は大小の刀を常に身につけ、屋敷においては、大刀は床の間の刀掛けに置き、小刀の脇差《わきざし》は護身用として寝るまで身につけていた。では、槍は屋敷のどこに置いたか。

槍は応接の間の近くの部屋の向かって右側の長押《なげし》（襖《ふすま》の上の柱と柱をつなぐ水平の板）の上の槍掛けに、槍の穂先を左側に向けて置いた。これはいざというときに右手で槍の柄《え》を掴《つか》み取り、槍尻の石突《いしづき》を座敷や廊下の板にトンと叩き付ける。すると槍鞘《やりさや》が跳ね飛んで槍身《やりみ》（槍の刃）がでる。さらに左手で柄を持ち、穂先を左前にして構えれば、最も早く、しかも敵に背を見せることなく槍をとることができる。

これに対して、最近の映画やテレビの時代劇では、ときどき槍穂を向かって右にして長押に置いてある場面を見かける。これでは左手で柄を握り、右手を添える不自由な手順となり、しかも攻撃してくる相手に一瞬背を見せることになりおくれをとってしまう。また、心得《こころえ》のある武士は長柄《ながえ》の槍のほかに柄が一間（約二メートル）ほどの手槍を、長槍の下に並べて掛けた。これは室内戦のときは柄の短い手槍のほうが扱いやすいためである。薙刀《なぎなた》も並べて置くこともあるが、この場合は、室内用の短い薙刀を掛けることが多かった。

また、槍持ちを供に連れるときは必ず右後に従えた。いざというときに右手をうしろにだせば、槍持ちはすかさず柄を差し出す。これを右手で持って左手で支えれば、槍を敏速に構えることができるのである。

長押（なげし）の槍掛けから右手で槍を取って、トンと石突を叩くと槍鞘がはずれ、左手を添えて構える

長槍《ながやり》は室内戦では不自由なので一番上に置き、つぎに室内用の薙刀《なぎなた》、最も使いやすい手槍《てやり》を下段に置いた

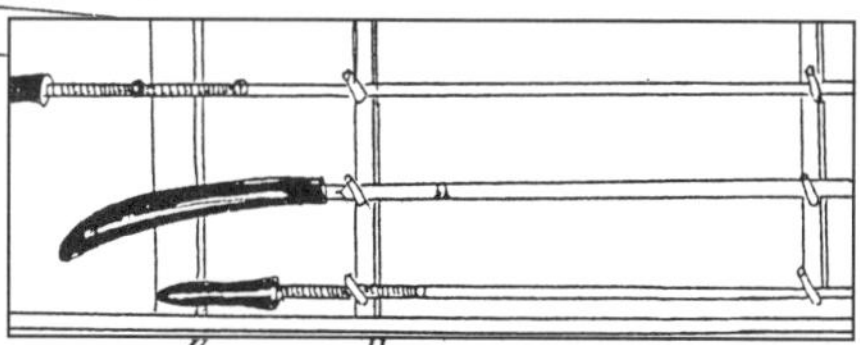

槍持ちから槍を右手で受取り、石突《いしづき》を地に叩いて槍鞘をはずして素早く構える

主君の刀を持つときは鞘《さや》が上か下か？

芝居や映画・テレビなどの時代劇では、主君の刀（大刀）を小姓《こしょう》が持って従う場合に、ほとんど袱紗《ふくさ》で鞘《さや》の下の方を包んで立てて持っている。こうすると見た目は鍔《つば》、柄《つか》が上方に見えて形が良いが、これはたいへんな武道不心得で、実に危険な持ち方なのである。主君をとっさに斬り殺そうと襲撃する者がいたら、どうぞ柄に手をかけてこの刀をお使いくださいという、油断きわまりない持ち方なのである。

主君の刀を持つときには、柄を握って鞘を上にして持つのが正しい持ち方である。主君を殺そうとする者が小姓の捧げ持っている刀を奪おうと、鞘を掴《つか》んで引き抜けば刀身《とうしん》があらわれるから、刀身を持った小姓がその刀で相手を斬ることもできるし、主君に手渡すこともできる。この持ち方は古い絵巻物にも描かれており、刀を立てないときは、蹲踞《そんきょ》した膝の上に横たえて、柄と鞘を持って従う。これは決して刀剣を奪われないためである。

また、鞘が汚れたり傷むので袱紗で刀を持つとされるが、むしろ主君の刀の柄巻糸が汚れるのを防ぐためである。一般の武家では、来客の武士が玄関より座敷に上がると、小姓や用人（こうした奉公人がいないときや身分の低い武家では妻）が「お刀《かたな》上《あ》げ」といって客の刀を袱紗か、袖で受け取る。このときは鞘の方を持って受け取る。そして客を主人のいる部屋に案内し、客が主人と対面して座ると、客の後ろに刀を置いて退く。敵意がないことを示すために客の右側に置くという説もある（斬るためには右側の刀を左側に持ち替えて抜刀《ばっとう》しなければならないので）が、客の背後に置くのが正しい置き方である。

〈間違った刀の持ち方〉
主君の刀の鞘を上にして持つのは大変な間違い。襲おうとする者に柄を握られて斬付けられる恐れがある

〈正しい刀の持ち方〉

主君の刀は袱紗《ふくさ》で柄を握って鞘を上にして持つのが正しい。鞘をとられても刀身が残り相手に反撃できる

来客者の刀は使用人が袱紗で受け取る

来使用人がいない家では来客者の刀を妻が袱紗で受け取る

すれ違う大名行列の挨拶《あいさつ》は片足がサイン！

参勤交代《さんきんこうたい》の時期や式日《しきび》（幕府が毎月、大名や御目見《おめみえ》以上の武士の総登城を定めた日）には、大名や武士の登城で通りは大混雑するが、そのときも、大名同士の礼儀作法に則《のっと》って身分や役職、禄高に応じて、格の低い方から挨拶をしなければならない。

大名行列で、すれ違う相手の大名が上位か同格か下位かをすばやく判断するのが供頭《ともがしら》の役目であり、その判断を誤ると主君が礼を失することになり、藩の名も汚すことになるので、切腹を覚悟の重要な役目であった。大名行列は何家の大名と名前を立てて歩いているわけではない。大名行列の先頭の槍印《やりじるし》（穂先の槍鞘《やりさや》や毛槍《けやり》の装飾のデザインで何家の大名かがわかった）や挟箱《はさみばこ》に金や朱漆《しゅうるし》塗《ぬ》りで描かれた家紋を遠方から見て察知した。供頭だけでなく先頭をゆく露払《つゆはら》いの徒《かち》もいろいろな大名の槍印や家紋を常に暗記していた。供頭は相手の大名を確認すると、その大名の名と上位か同格か下位かを行列の責任者である道中奉行に報告した。

そして、大名行列がすれ違うときにはお互いに歩調をゆるめ、同格の大名同士であれば、往来を半分ずつ譲り、大名はそれぞれ駕籠を停止し、扉を開けてお互いに目礼をする。相手の大名が上位のときは、駕籠を停止し、片足を出して草履《ぞうり》を履き、ちょっと土を踏む仕草をして丁寧に頭を下げて礼をする。このとき格上の大名は扉を開けて、目礼をしてから扉を閉めて行き去る。

相手が御三家や御三卿など格段上位の大名のときは、行列を止め、大名は駕籠から出て立ったまま礼をする。このとき格上の大名はそのまま挨拶をかえさずに通過することもあった。

〈格段に上位の大名の場合〉
相手が格段上位の大名のときは、駕籠からおりて挨拶をする

〈上位の大名の場合〉
相手が上位の大名のときは、駕籠をとめ、片足を出し草履を履いてちょっと土を踏む仕草をして礼をする。格上の大名は目礼をする

〈同格の大名の場合〉
同格の大名同士のときは、お互いに道を半分ずつ譲り、駕籠をとめ扉を開けて目礼をする

主君へのお目通《めどお》りの作法は？

家臣などが日常の事務的な出仕で挨拶をする以外に、将軍や大名にお目通りするときは、厳密な礼儀作法があった。まず、主君の席から二間《ふたま》ほど離れた部屋に平伏《へいふく》して顔を決して上げない。その平伏の形式は、扇子《せんす》を前方、横向きに置いて三つ指をついた形をとり、主君が座につくまで平伏している。

主君が席につくと、かたわらに控えて披露《ひろう》する家臣が、「誰某《たれがし》で御座《ござ》る」と言上《ごんじょう》すると、お目通りする家臣はさらに深く平伏する。主君から「面《おもて》を上げい」と声が掛ると、「ははっ」とさらに一礼して、静かに顔を上げるが、正面きっては顔を上げず、やや上目《うわめ》づかいで主君を見る。さらに具体的な内容の声が掛ると、披露する家臣が答弁の仲介《ちゅうかい》をし、お目通りする家臣は主君と直接言葉を交《かわ》すことはない。

主君が、お目通りする家臣と直接話を交したいときは、「も、そっと近くに寄れ」と声が掛る。他聞《たぶん》を憚《はばか》る内容などで、目通りの家臣以外に聞かせたくないときは、控えている武士に顎《あご》をしゃくって席をはずすように合図する。お目通りする家臣は、控えの武士が立ち退くのを見届けてから、袴《はかま》の襞《ひだ》を取って膝《ひざ》で近寄って主君の言葉を拝聴《はいちょう》する。それでも主君よりかならず一メートルくらいは離れて一礼して顔を上げる。そして退席するときは、左膝を立ててかならず「回れ左」をするようにして、腰をかがめて退く。

映画やテレビの時代劇では主君から下命《かめい》があると、立って近寄る場面があるが、そのようなことは許されない。かならず袴の襞を両手でつまんで、膝で進む姿勢を取り、恐れ多くて進みたくても進めぬ様子を示すのが通常の礼儀作法である。うっかり近寄ると控えの武士に「無礼であろうぞ」と後で手痛く叱責《しっせき》される。

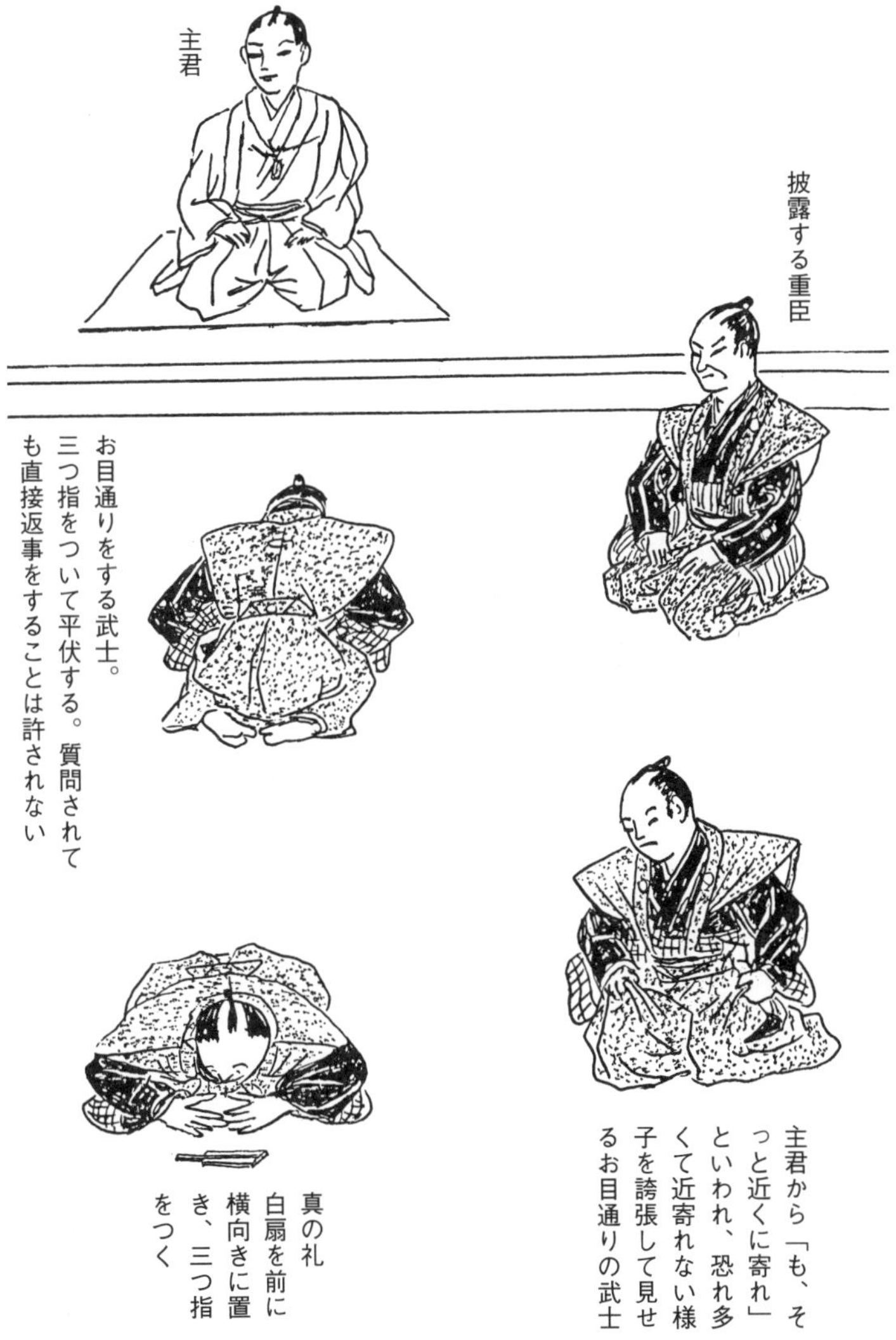

お目通りをする武士。
三つ指をついて平伏する。質問されて
も直接返事をすることは許されない
主君から「も、そっと近くに寄れ」といわれ、恐れ多くて近寄れない様子を誇張して見せるお目通りの武士
真の礼
白扇を前に横向きに置き、三つ指をつく

将軍の場合は、実際には御目見級でも、大名か幕府の要職にある者以外は、個人的にお目通りすることはできない。行事などで平伏した後、遠くから見るだけである

武家奉公人が「びしょ」と蔑称《べっしょう》された理由

武家の奉公人には、武士待遇の用人《ようにん》や給人《きゅうにん》、中小姓《ちゅうごしょう》、若党《わかとう》などと、槍《やり》持ち、草履《ぞうり》取り、挟箱《はさみばこ》持ち、馬の口取《くちと》り、駕籠《かご》舁《かき》などの中間《ちゅうげん》がいた。用人は武家の対外折衝や財務、奉公人の管理などの重要な役割を担い、給人はおもに主人の身の回りの世話をし、中小姓は文書作成などの庶務を担当し、若党は主人の外出時の供などをした。これらの武士待遇の奉公人は貧しい武士の次男や三男がつとめることが多かったが、ときには有能な庶民が雇われてつとめることもあった。雇われている間は苗字《みょうじ》を名乗り、主人より刀が貸与され帯刀が許された。そのなかの若党は大小二刀を差すことが許されず、大刀一本のみを差した。しかし、庶民から雇用された者は雇用が満了となると、元の無苗に戻った。

一方、槍持ち、草履取り、挟箱持ち、馬の口取り、駕籠舁などの中間は武家に仕える無苗《むみょう》の下男であり、「折助《おりすけ》」とあだ名された。主人の家紋が入った法被《はっぴ》姿で背の帯に真鍮《しんちゅう》か銀メッキの木刀を差した。これらの中間を常時抱えることのできない低禄の貧しい武士は、公式の外出の時だけ、口入屋《くちいれや》（人材派遣屋）に日雇いで派遣を頼んだ。派遣された中間はその家のお仕着《しき》せの法被を着てつとめた。

これらの中間や門番などの足軽《あしがる》は雨の日には饅頭笠《まんじゅうがさ》に桐油《とうゆ》を塗った紙製の雨合羽《あまがっぱ》をはおるだけで、傘をさすことは許されなかった。そして路上で身分の高い武士に出会ったときは、道の端に寄って、笠と雨合羽を脱いで土下座《どげざ》をしなければならなかった。相手が通り過ぎるまで、そうしているので、俗に「びしょ」と蔑称された。びしょ濡れの「びしょ」である。

雨の日に知り合いの武士に会ったときは、笠、雨合羽を脱いで、ひざまづいて通り過ぎるまで平伏した。その間は雨に濡れたままなので「びしょ」と蔑称された。これは足軽級が上級武士に会ったときも同じであった

〈「びしょ」と蔑称された武家奉公人〉

草履取り、挟箱持ち、槍持ちは武士の供をする中間で三供《みつとも》といわれ、平時は家屋敷の掃除や庭掃き、畑のある屋敷では畑仕事なども行った

馬上の武士は片鐙外《かたあぶみはず》しの挨拶

往来で武士同士がすれ違うときは、同格の場合はお互いに一、二歩退いて挨拶をするか、目礼をする。相手が身分が高いときは、道をゆずり立礼《りつれい》で良いが、膝に手をついて丁寧《ていねい》に頭をさげる。通常、草履《ぞうり》取りなどの中間《ちゅうげん》や若党などの供《とも》は頭を低くして蹲踞《そんきょ》する。相手が自分より身分が高いかどうかは、供の数や紋所《もんどころ》でだいたい判断がつくので、武士は往来を歩くときも常に油断ができない。欠礼すると咎《とが》められて恥をかくことになる。

所属する組頭や老中、若年寄などの役職は行列を組んで来るので、あらかじめ往来の片側によって止まり、通り過ぎるまで目礼をする。大名行列でも同様である。また、自分が馬に乗っているときに、老中、若年寄などの身分の高い相手とすれ違う場合は、馬から降りて、馬の面懸《おもがい》を取って丁寧に立礼し、通り過ぎるまで待って、ふたたび馬に乗る。もちろん用人《ようにん》などの供は頭を低くして蹲踞する。自分より身分の高い武士と騎馬同士で逢ったときは、相手に道をゆずり、相手とすれ違う方の馬の鐙《あぶみ》から足首を垂らして馬上でお辞儀をする。これを「片鐙《かたあぶみ》を外《はず》す」という。これは片鐙を外すと不安定になるので、「あなたに敵対はしません」という敬意をあらわしたものである。緊急の公用で馬を走らせているときは相手が上位の身分の武士であっても、馬の速度を緩めて「公用につき、御免なされ」などと大声で挨拶をして、頭を下げ、相手側の片鐙を外して走り去る。大名行列同士がすれ違うときも、相手の大名が同格か、上位か下位で厳密な礼儀作法があった。➡「すれ違う大名行列の挨拶は片足がサイン！」（54ページ）参照

相手が身分の高い武士のときは、退いて膝に手をつき、丁寧に挨拶をする

同輩の武士とすれ違うときは、お互いに退いて挨拶または目礼をする

緊急の公用で馬を走らせるときは、片鐙を外し「公用」といって走り去る

武士はなぜ左側通行を厳守したのか？

武士が屋敷内や大通りを歩いて行くときには、道の中央を歩いても良いが、走って来る馬などや、大名、大身《たいしん》の武士の行列が通るので、たいてい中央より左側寄りを歩くのが常であった。右側を歩くと、他の武士と擦れ違うとき、往々にして刀の鞘《さや》同士がぶつかるからである。これば鞘当《さやあ》てといって、無礼な行為であり、相手に挑戦する意味になり、斬合いの喧嘩の原因となった（喧嘩を売るためにわざと鞘当てをすることもあった）。お互いに左側を歩けば、鞘当てもなく、相手の様子を確認することもできる。さらに擦れ違う相手を抜き打ちに攻撃することもできるし、身をかわして防御態勢もとっさに取ることができる。

また、刀剣、弓矢、槍、鉄砲などを操作するのは右腕であるが、武器を効果的に保つのは左腕であり、とくに弓矢や、槍の戦いでは左手を先にだして、左に敵を見て戦い、居合抜きでも相手の左側に位置して右側の敵を一撃する。このように戦陣の作法から武芸にいたるまで、武士は常に左側を重んじた。地位にしても左大臣、右大臣をはじめ左側が上位であり、上司や身分の高い者と一緒に歩くときも、並んで歩かず、右側に一歩退いて従った。これは叛意《はんい》や抵抗はしませんという意志表示でもあった。

このように武士は歩き方一つとってもつねに注意を怠らなかった。道を曲がるときも、すぐに曲がると曲《くせ》者《もの》が隠れていて、いきなり襲撃されるおそれがあるから、大きく迂回をして曲がった。武士の行動の規範である目付《めつけ》（役職）は、通るところの中央を歩き、曲がるときはつねに直角に曲がって歩いた。泰平の時代でも武士はつねに礼儀作法の厳守と臨戦に対する用心の心得をもっていたのである。

お互いに左側を歩くと擦れ違っても
鞘当てがおきない

道路の右側を歩いて擦れ違うと鞘当《さやあて》て
がおきやすく、喧嘩の原因となる

並んで歩くと右側の者に抜き打ちされるおそれがあるので、上司や身分の
高い者と一緒に歩くときは右側に一歩退いて歩くのが礼儀とされた

武士の妻が夫の背後を歩くのは果たして男尊女卑《だんそんじょひ》か？

江戸時代は、武士とその妻女や娘が往来を同道《どうどう》することは決してなかった。「男女七歳にして席を同じうせず」の言葉があるごとく、武家社会はとりわけ男尊女卑の風習が強かった。映画やテレビの時代劇で武家の男女が往来を並んで歩きながら言葉を交わしている場面を見かけることがあるが、それは間違いである。

もし、世間の目にふれる往来で、武士が妻や娘といえども女性と一緒に歩いたり、立ち止まって気軽に話し掛け、親しい態度を見せたら、たちまち評判になり不作法者として軽蔑《けいべつ》されてしまう。まして雨のときの男女の相合傘《あいあいがさ》などはありえない。神社へのお参りや墓参などのため夫婦で出かけるときは、妻や娘はかならず後方にさがって従い、そのかわりに下女か供の侍や中間《ちゅうげん》などを伴った。しかし、これは男尊女卑の思想からというよりは、妻が襲撃されるのを防ぐ意味もあった。そのため妻の後ろには、護衛の侍か小者が従った。武士の妻や娘の一人歩きは絶対になく、外出するときには、必ず使用人の足軽や侍女がついていった。

庶民でも同様で、とくに裕福な商人は町を歩くときでも妻女は後方を歩いた。ただし庶民は子供を塾に入れたり、季節の挨拶に母親が男の子を連れて行くことはあった。それは少年であるということで咎《とが》められることはなかったが、武士の妻が同様の目的で男の子を連れて歩くことはなかった。

幕末になって来日した西洋人が夫婦で歩くことがあり、それを見た日本人はおおいに驚くとともに軽蔑したのである。明治の御維新後に福沢諭吉が妻と連れ立って歩いたのを見て、人々は目をみはり、明治の文明開化のスローガンの余風として、ようやく男女同伴を受け入れるようになっていったのである。

武士の妻が一人歩きするときは侍女を従えた

武士は妻や娘といえども女性とは決して同道しなかった。寺社参詣や墓参のときは妻は後方につき従い、妻には中間などの供がついた

庶民も同様で、特に裕福な商人が一緒に外出するときは妻は後方につき従って歩いた

武士が勤務先の行き帰りで便意をもよおしたとき！

江戸時代は、今日のように町や公園に共同便所がなかったので、武士は外出にさいしては、用便をきちんと済ませて外出した。しかし、体調の都合で、外出先で便意をもよおすことも当然あり、そのときはどのように対処したのかと疑問をもつ人もあると思う。まず、知合いや出入りの商店があればその家の便所を借りた。そのような知合いがない場合はどうしたかというと、裏長屋の共同便所を借りて用を済ませた。この様子は葛飾北斎の風俗図に描かれているのを見たことがある。草履《ぞうり》取りや槍《やり》持《も》ちなどが、主人の大小の刀を預かって、共同便所の外で鼻をつまんで待機している図である。さらにいえば、排尿なら袴《はかま》の襠《まち》（袴の内股の部分に足した布）を前にずらせば用を足せるが、排便の場合だと裏長屋の共同便所では袴を脱ぐことは困難であったので、おそらく商人などの家の便所を借りたものと思われる。

江戸初期頃の袴の襠《まち》の裂け目は短かったのが、長袴、半袴とも襠の裂け目がかなり下の方まで伸びてきたのは、足を外に出して用便をしやすくしたためと考えられる。また行灯袴《あんどんばかま》といって、大小の用便のしやすい股が分かれていないスカート状の袴も考案された。

将軍となると朝夕《ちょうじゃく》公人《くにん》という将軍の尿筒《しとづつ》持ちが付き、大名の駕籠の旅には、砂を敷いた便器持ちが行列に従った。こうした生理的欲求の処理法は記録がないので、現代人は疑問すら持たないと思うが、当時の武士は、これら排便の処理にはかなり困惑したことであろう。明治期に入り、宮中の長時間の儀式に参列した陸海軍の将校が、油紙で作った尿筒をズボンの下に密かに装着していたことを知る人は少ないと思う。

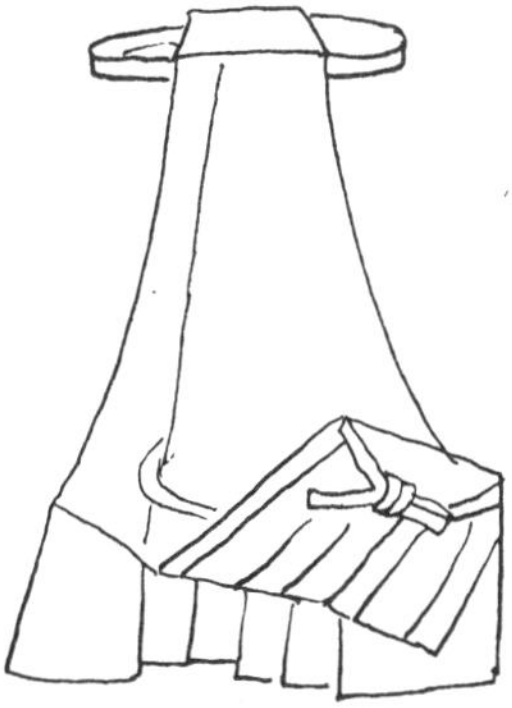

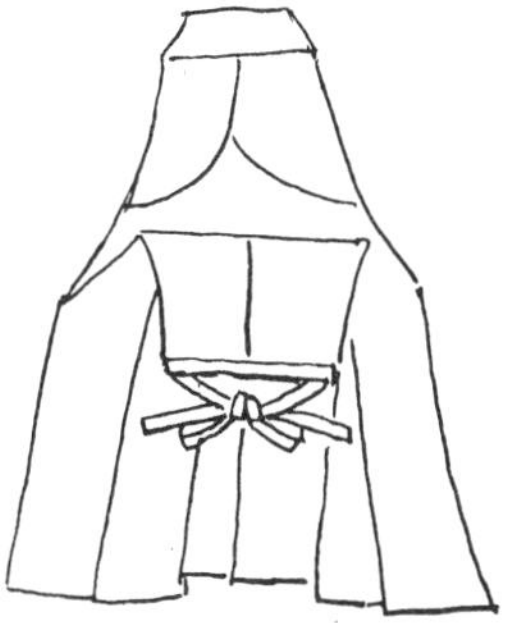

江戸中期頃から馬乗袴《うまのりばかま》式《しき》に襠《まち》が下の方に伸びたので着物の裾を広げることができず、用便がしやすくなった

江戸時代初期の袴《はかま》は、襠《まち》が短いので、襠から着物の裾を十分に拡げることができず、用便がしづらかった

緊急に便意をもよおしたときは知合いや出入りの商店の便所を借りたが、知合いがいないときは従者に大小の刀を預け長屋の共同便所（図右側）を利用した

脇息《きょうそく》を公式の場で使う時代劇のはなはだしい間違い！

映画やテレビなどの時代劇で、将軍はじめ大名や大身《たいしん》の武士が家臣や身分の低い武士に対面するときに、大きな座布団《ざぶとん》か厚い敷物の中央に座り、右か左脇に脇 息《きょうそく》を置いて、それに片手を乗せる場面を良く見かける。これは上下の身分の差をしめす視覚効果からの演出であろうが、江戸時代には、たとえ主従の間であっても、脇息にもたれたり、手を掛けて対面するというような無礼なことはけっしてなかった。

脇息はあくまでも私生活の中で、休息時に用いる物で、将軍であれば大奥や中奥《なかおく》でくつろぐときに使用した。たまたま脇息を用いているときに、臣下と対面する場合でも、脇息を後へ置くか、遠くへ離すのが礼儀であった。はなはだしい誤解の場面は、脇息を前に移して、両肘を乗せて、手で顎《あご》を支えて臣下と話をする姿勢である。これほどの非礼はありえない。臣下に対面するときに脇息のそばに煙草入れの箱を置くこともない。ましてや上司の来客に脇息をすすめることなどは歓待の意味にもならない。

旅行に行って地方の日本式旅館に泊まると、座敷中央テーブルの脇に厚座布団と脇息が置かれていることがある。お客様を尊重し殿様扱いの大歓待をしていますとのことであろう。もっとも明治維新後に、新政府に功績のあった成上りの華族達が、客間に脇息を持込んで、得意然として来客者に会ったりしたので、それが当たり前と思うようになってしまったらしい。しかも脇息の板の上に、肱《ひじ》が痛くないように綿を一杯詰めたものまで考案された。映画やテレビの時代劇で、公式の場面でこれを用いているのを見かけることがあるが、これもまた間違いである。

脇息《きょうそく》は私的にくつろぐためのもので、
臣下と対面するときには用いない

脇息に両肘をつき、手で顎を支えて
臣下と話す態度は非礼の極みである

板脇息
綿入れの脇息
板脇息
〈脇息の正しい用い方〉
主君といえども、臣下
と対面するときは、脇
息を背後に離して、正
座の姿勢をとる

脇息は私的な場で用いる腕休めの用具であり、公式の場では使用しなかった

武士にとって扇子《せんす》は処世具でもあり護身具でもあった

扇子《せんす》(扇《おうぎ》ともいう)は、はじめは涼《りょう》をとるためのものであったが、朝廷の装束《しょうぞく》の服飾品となり、単に涼をとるばかりでなく、笏《しゃく》の代用などいろいろな用に便利に使われた。檜の薄板を綴り合せた檜扇《ひおうぎ》から、蝙蝠扇《かわほりおうぎ》と呼ばれる紙扇の順に考案されたとものと考えられる。中世には武装した武士も涼をとるために用いたが、指で指揮をするより扇子のほうが指示しやすいので、軍扇《ぐんせん》も考案された。軍扇は武者扇《むしゃおうぎ》ともいい、日月や梵《ぼん》字《じ》などが描かれ、身分によって模様や房《ふさ》も差別された。のちには、護身用にも使える鉄骨を用いた鉄扇《てっせん》も作られた。この檜扇と紙扇は中国を経由してヨーロッパにも伝えられた。

江戸時代になると紙扇が主流となり、公家は白骨、武家は黒骨を用いた。武家では白扇が礼装用の備品となり、身分の高い人にお目通りするときは、白扇を前に横向きに置いて平伏《へいふく》した。また、小物を頂戴するときや渡すときに、懐中に懐紙《かいし》がないときには白扇を開いて載せて用いた。これは素手で物を持たないという敬意を表わすものである。今日でも扇子は和服には必要な服飾品となっている。結婚式などで扇子を全面に開いてばたばたと扇《あお》いでいる光景を見かけるが、江戸時代は扇子の作法も厳密で、身分の高い人の前では、扇子を三分の一くらい開けて、開いている手の掌《てのひら》に静かに扇いで涼を入れるのが礼儀であった。

また武士にとって扇子は一種の護身具であり、上位の武士に対面する場合でも、敷居の上に扇子を横向きに置いて三つ指をついて真の礼をした。これは相手が襖《ふすま》で頭を挟もうとしたときに、扇子が歯止めとなり、その間に防御《ぼうぎょ》態勢を取るためである。まさに下克上《げこくじょう》を生き抜いた武士たちの処世の名残りであった。

貴人や上司に物を差し出すときは扇子に載せる

束脩《そくしゅう》（寺子屋などに入門のときの師匠への贈物）の贈呈扇子（白扇二本が一箱に詰めてある）

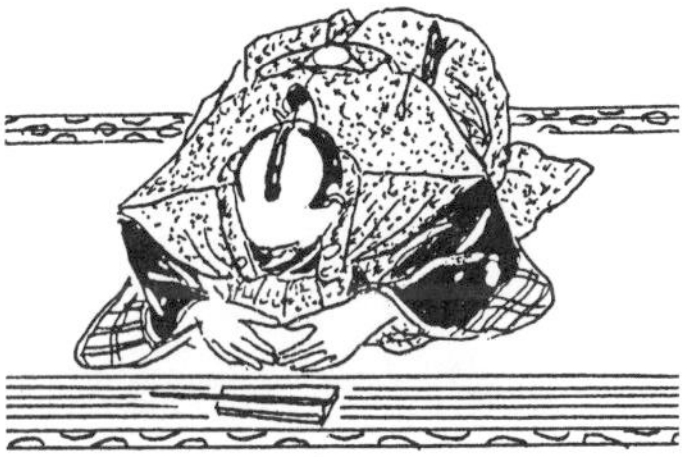

貴人に拝謁《はいえつ》するときは、扇子を敷居の上に置き、三つ指をついて真の礼で拝礼する。頭を挟もうとして突然襖《ふすま》を締められても扇子が歯止めとなる

扇子で涼をとるときは、扇子を全部開いて扇《あお》ぐのは非礼とされ、三分の一から半分くらい開いて片手の掌《てのひら》に風を送る

印籠《いんろう》等を拝領するときは扇子で受取る

武家のインテリアとなってしまった弓具《きゅうぐ》

江戸幕府の軍役《ぐんえき》規定では、五百石級以上の武士は立弓《たちゆみ》持ちを揃えることが定められていた。その意味で弓は身分の証《あか》しでもあったので、高禄の武士は屋敷の床の間に弓台や百矢台《ももやだい》、調度掛《ちょうどかけ》などを置いた。

弓台は高禄の武士になると戦時や公式の行列の供揃《ともぞろ》えには主人用のものを含めて数台持たせる。通常、弓台には弦《つる》をかけた弓を二張《ふたは》りと二、三十本の矢がセットになっている。このままで置くと弦が張りっぱなしなので、弓の弾力が弱まるので本来の武具の置き方ではなかったが、それでもこれを床の間に置くと十分な装飾品となり、身分の誇示と武備を怠らないことをアピールすることができた。

百矢台は室内からでも連続して矢を射ることができるように作られた弓矢を備えた台で、上段の板には多くの矢を縦に挿し込めるようにたくさんの穴が開けてあり、ときには鏑矢《かぶらや》も挿し込めた。その両側には細長い穴があり、そこに弦を張ったままの弓を一張《ひとは》りずつ収めることができた。これは一般的ではなく、相当に心がけの良い武士が床の間の隅に置いた。これに似たものが調度掛といって、箙《えびら》（矢を入れて携帯する用具）に似た形で、弓を二張りと数十本の矢が入るようになっており、裏側には連尺《れんじゃく》（荷縄）が付いていて、下級の家来が背負って主人について行けるようになっている。また、矢籠《しこ》といって矢のみを入れる容器もあった

これらは上級武士の武器装飾であり、公用の客を通す部屋にはあまり置かなかった。また、室内で立って弓を引くと天井や鴨居《かもい》が邪魔になるので、実戦的には、駕籠半弓《かごはんきゅう》という短い弓矢の方が有効であった。これは枕弓《まくらゆみ》と呼ばれ、床の間や寝室に置かれた。甲冑《かっちゅう》やこうした弓具を室内に置くのも武士の心得であった。

〈駕《か》籠《ご》半弓《はんきゅう》〉駕籠や寝室に置く

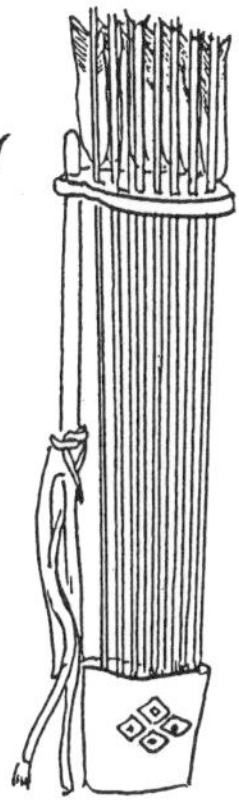

〈矢《し》籠《こ》〉手軽な矢入れ容器。紐で腰につける

弓台を担ぐ弓足軽

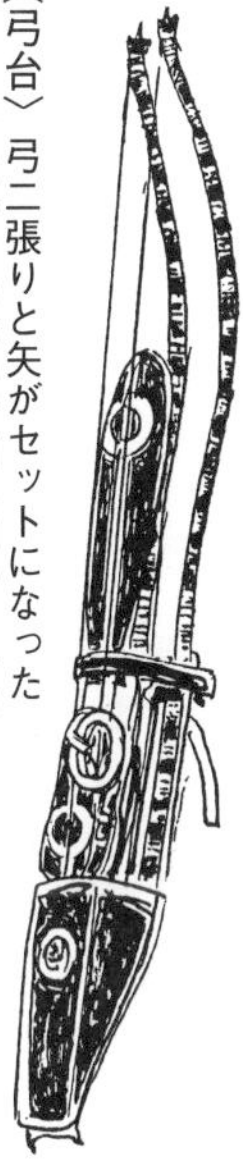

〈弓台〉弓二張りと矢がセットになったもので、戦時や公式の行列に用いられた

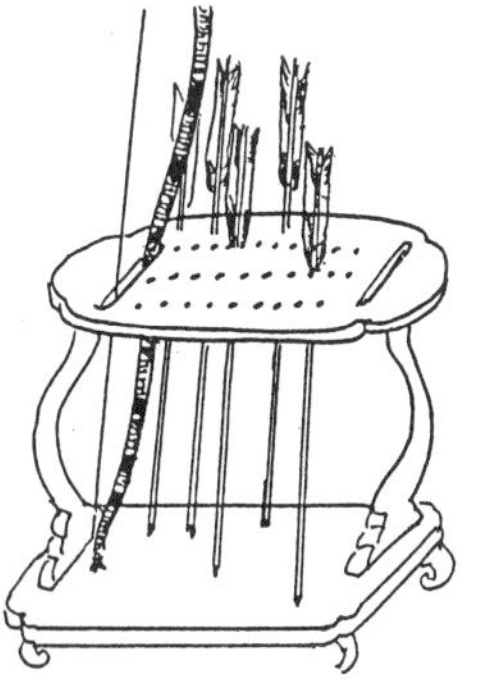

〈百《もも》矢《や》台《だい》〉両脇に弓を挿した。床の間の隅に置く

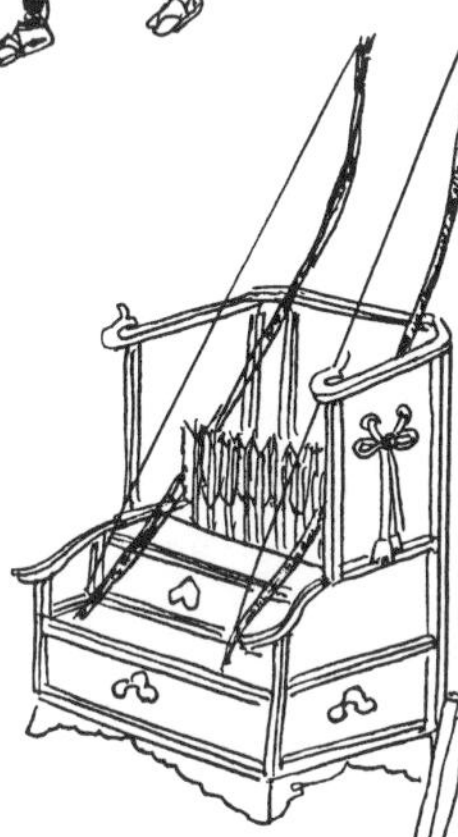

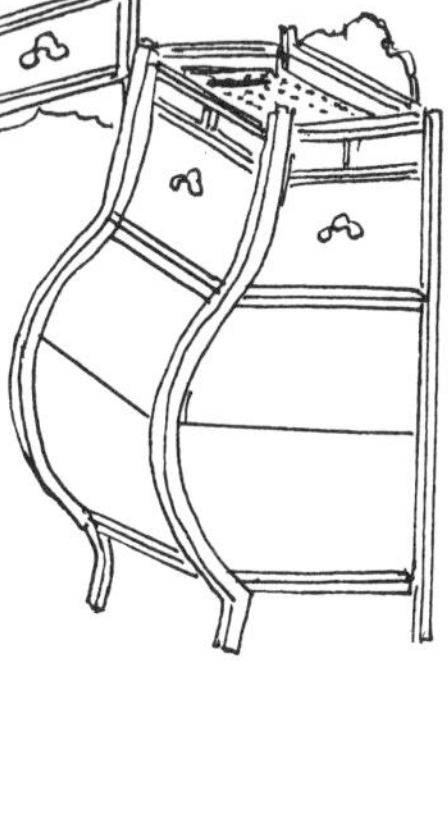

〈調《ちょう》度《ど》掛《かけ》のいろいろ〉不時の防禦のため弓二張りと矢を入れ、室内に調度品として飾った

これが甲冑《かっちゅう》拝見の正しい作法《さほう》

甲冑は武士の魂ともいえる武具で、戦国期の武士は、自分の体型に合せた甲冑を持ち、家来の甲冑まで用意をするのが心得《こころえ》であった。しかし泰平の江戸時代には、幕末まで戦《いくさ》らしい戦もなく、一生甲冑を着ることなく終る武士も多かった。新たに甲冑を作ることもなく、祖先から伝来の甲冑があれば良しとした。

それでも甲冑は武士の象徴であり、他家で甲冑を拝見するにも守らねばならない作法があった。この作法は現代でもそのまま通じる作法であり、参考になると思うので少々専門用語を使うことになるが、解説をしておきたい。床の間の甲冑を拝見するときは、まず一メートルくらい手前で、甲冑に対面して座り、一礼してから全体を見て、続いて左側、右側を見る。背後を見たいときは持主に了解を得てから見る。背を見せることは敵に背を見せる（敗走）ことに通じるからである。了解を得たら、片足を床の間に掛けて背後を見る。

兜《かぶと》の姿形《すがたかたち》を手に取って見るときも、了解を得る。まず兜の緒《お》を解き、袱紗《ふくさ》を持った左手を兜の鉢の中に入れて支え、右手は錏《しころ》を支え、兜の前方、側面、天辺《てへん》、前立《まえだて》、脇立《わきだて》、後立《うしろだて》を拝見する。特に立物《たてもの》（兜の鉢に付けた装飾）は慎重に拝見する。鉢が漆塗《うるしぬ》りでなく錆地《さびじ》のときは、その鍛《きた》えと打出《うちだし》技術の良否を見る。鉢の受《うけ》張《ばり》に銘見穴《めいみあな》があれば、作者の鐫銘《せんめい》を確認する。続いて籠手《こて》や臑当《すねあて》を見て、鎖《くさり》と錆地鉄《さびじてつ》であれば、その鍛えを確認する。面頬《めんぼう》も同様であるが、自分の頬にあてて肌心地《はだごこち》を試すのは非礼なので決してしない。拝見し終ったら元通りに組立てて一礼して下る。このあとで持ち主に批判がましい感想は決して言ってはならない。

最後に甲冑拝見のおりはかならず袱紗を用意し、現代ならば白手袋を用意して拝見することが肝心である。

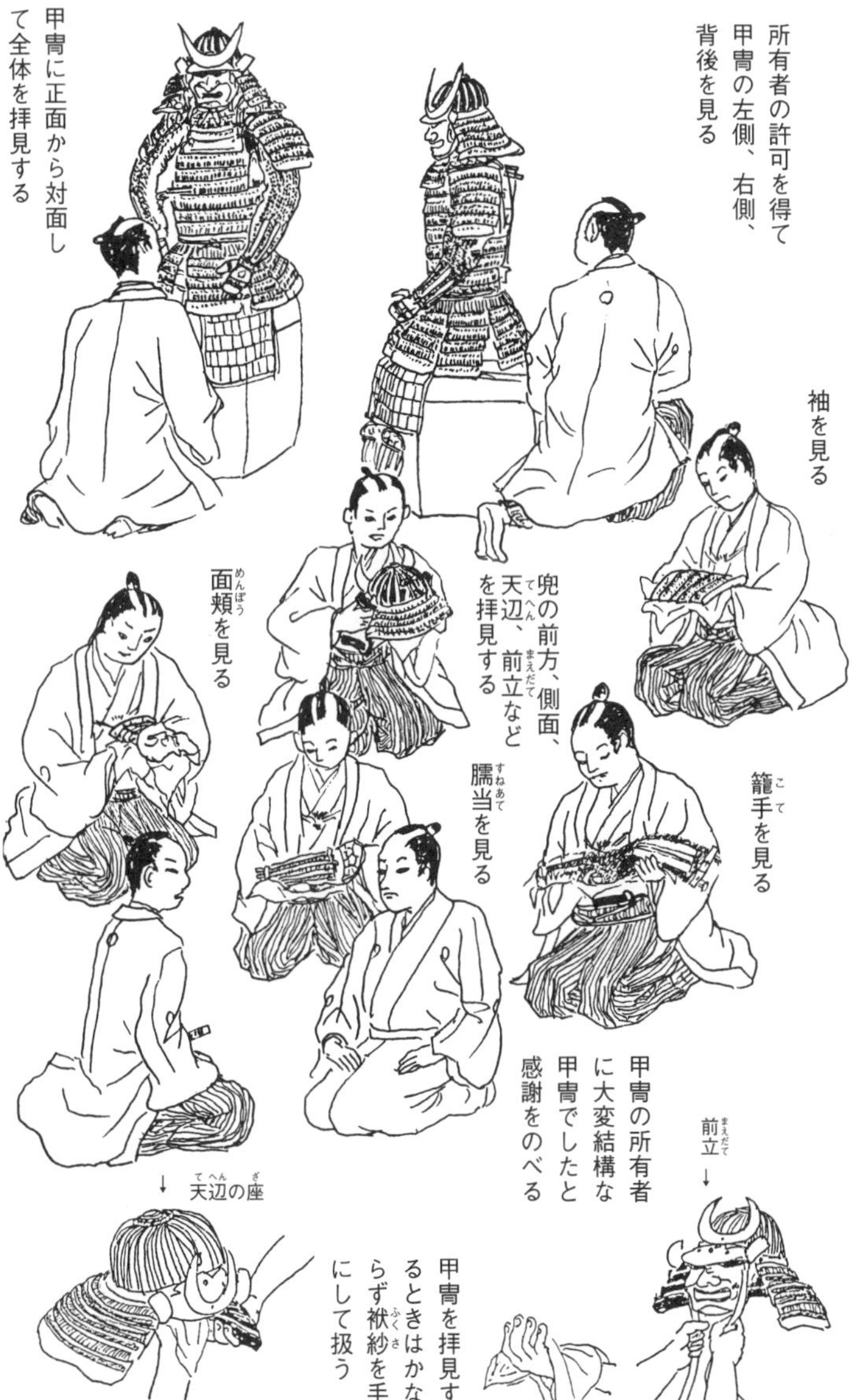
所有者の許可を得て甲冑の左側、右側、背後を見る
甲冑に正面から対面して全体を拝見する
袖を見る
兜の前方、側面、天辺《てへん》、前立《まえだて》などを拝見する
面頬《めんぼう》を見る
籠手《こて》を見る
臑当《すねあて》を見る
甲冑の所有者に大変結構な甲冑でしたと感謝をのべる
前立《まえだて》
甲冑を拝見するときはかならず袱紗《ふくさ》を手にして扱う
天辺《てへん》の座《ざ》

これが正しい切腹《せっぷく》の作法《さほう》

武士の処罰には、庶民のように磔《はりつけ》・獄門《ごくもん》の刑はなかった。武士の最も重い刑は斬首《ざんしゅ》であり、多くは切腹による自決であった。切腹は武士としての面目《めんもく》を保って自決させる栄誉《えいよ》刑であった。この切腹という刑は東洋諸国や西洋にはほどんど見られない日本独自の死の儀式である。現在から見ると、およそ自殺の方法としては有効でない割腹《かっぷく》という手法をなぜとったのか。それはおそらく、往時は生命や霊魂は腹にあるとされていたため、腹の中は潔白であるという証拠を示すためであったのだろう。

さて切腹の実際であるが、一般に五百石以上の武士は座敷か庭で行い、それより下の武士は牢屋敷《ろうやしき》で行う。庭で行うときは、切腹場に砂をまいて畳《たたみ》二畳《にじょう》を敷き白か赤の布で覆う。切腹人は、髻《もとどり》を落すか前立《まえだち》にして、白無地の小袖に浅葱《あさぎ》色の裃《かみしも》姿で検使人に目礼して座につく。検使は切腹人が大名か旗本《はたもと》の場合は、正使大目《おおめ》付《つけ》、副目付、徒《かち》目付、同心《どうしん》六人、それより下の身分の場合は正使目付、副目付、徒目付、同心四人がつく。「いざ三方《さんぼう》を戴《いただ》かるべし」の声で、切腹人は三方の上の水盃《みずさかづき》を飲む。続いて三方に載せられた刃を奉書《ほうしょ》などで巻いた短刀を取って下腹部を横一文字に斬り、さらに腹中央から下に斬り下げる。このときに介錯《かいしゃくにん》人が首を斬り落す。そして副介錯人が斬り落した首を持って、検使人に見せて終わる。

正規の切腹を要求する武士には短刀による古式通りの切腹が行われたが、実際には扇子腹《せんすばら》や木刀腹《ぼくとうばら》といって、切腹による血潮の飛散や切腹人の狼狽《ろうばい》を避けるため、切腹人が三方に置いた短刀の代りの紙で巻いた扇子や木刀を取るために手と首を伸ばしたときに、介錯人が首を斬り落すことがほとんどであった。

〈切腹人の正装〉白地の小袖に浅葱《あさぎ》色の裃《かみしも》姿。白装束のときもある

扇子を短刀に見立てた

介錯人《かいしゃくにん》は水柄杓《みずびしゃく》で刀身に水をかけてから斬る

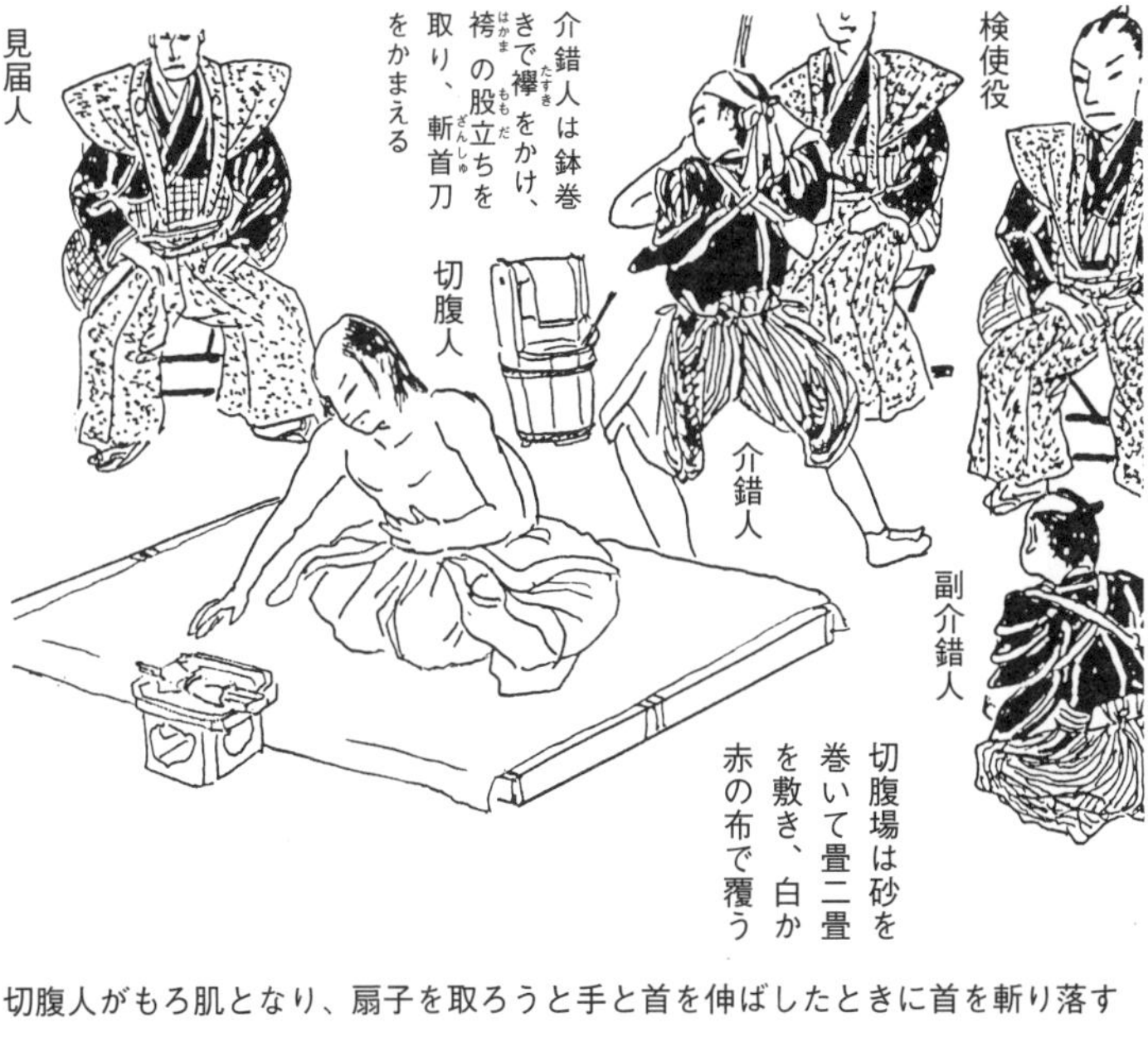

検使役

介錯人は鉢巻きで襷《たすき》をかけ、袴《はかま》の股立《ももだ》ちを取り、斬首《ざんしゅ》刀をかまえる

見届人

切腹人

介錯人

副介錯人

切腹場は砂を巻いて畳二畳を敷き、白か赤の布で覆う

切腹人がもろ肌となり、扇子を取ろうと手と首を伸ばしたときに首を斬り落す

酒の注《つ》ぎ方にも作法《さほう》あり

武家社会では、中世以来、宴会などで上司や客に酒を注ぐときには長柄《ながえ》（銚子《ちょうし》）を用いた。右手で器の前の柄の突起《え》のある星の部分を持ち、左手を柄の手前の折れ曲がった部分をもって客の前に膝をつき、柄を体の前面に差しだし左横になった注ぎ口から相手の差しだす盃《さかずき》に注ぐ。酒の注ぎ方は、静かにチョロチョロと二度注ぎ、三度目に盃の八分目くらいまで注ぐ。伊勢流ではこの注ぎ方を「鼠尾鼠尾馬尾《そびそびばび》」と表現した。

続けて隣の人に注ぐときは膝で移動する。長柄の酒がきれたときは、長柄を胸前に戻して立ち上がり、体を左に回して酒の入った提子《ひさげ》を持つ提《くわえ》所役《しょやく》のところに戻り、膝を曲げて長柄に酒を補充してもらい、ふたたび左回りに体を戻して、次に注ぐ人の前に行って同じ動作で酒を注ぐ。これは古式の酒の注ぎ方の作法で、武士が出陣するときや祝い事などの三献《さんこん》の儀《ぎ》には、これに則《のっと》って行った。江戸時代には、この長柄の柄が略された提子が主流となった。右手で提子の蔓柄《つるえ》を持ち、左手を底に添えて注ぎ口から酒を注いだ。この提子には前方の注ぎ口があるものもあり、長柄とともに左右両側に注ぎ口があるものもあった。これは大勢の宴会には便利であったが、あくまでも略式であった。

さらに江戸時代には酒を温める燗酒《かんざけ》の習慣がはじまり、酒を入れたままで温められる徳利《とっくり》が作られ、正式な宴会でもこの燗徳利《かんどっくり》が用いられるようになった。また、金属製の徳利に注ぎ口を付けた銚釐《ちろり》が考案され、個人の家では、これを銅壺《どうこ》や薬罐《やかん》の湯の中に入れて燗酒にした。盃は、焼物や木盃の広口のものが正式であるが、江戸時代には今日の「ぐいのみ」形のものなども用いられた。

〈長柄《ながえ》による酒の注ぎ方〉
片口の長柄《ながえ》
両口の長柄
胸前に長柄を捧げ持つ
片口の提子
両口の提子《ひさげ》
膝を折り曲げ長柄を前方に出して酒を注ぐ
前口の提子
燗徳利《かんどっくり》
銚釐《ちろり》
ぐいのみ
一般の盃
古式の盃
〈提子《ひさげ》による酒の注ぎ方〉
右手で蔓柄を持ち、左手を提子の底に添えて注ぐ
〈双口提子《もろくちひさげ》による酒の注ぎ方〉

右注《つ》ぎは切腹《せっぷく》、左注ぎが出陣の盃事《はいじ》

武士にとって出陣は武勲《ぶくん》をたてる絶好の機会であり、同時に生死を分かつ重大事であったので、かならず武勲と生還を期した儀式を行った。これを三献《さんこん》の儀《ぎ》とよび、出陣のほか凱旋《がいせん》式や祝い事などにも行った。

まず高坏《たかつき》か三方《さんぽう》に縁起物である三種の肴《さかな》（打鮑《うちあわび》、勝栗《かちぐり》、干昆布《ほしこんぶ》）を盛った器《うつわ》と三組の盃を置く。盃は土器《かわらけ》で、祝儀には木の盃も用いた。これを陪膳所役《ばいぜんしょやく》が三献の儀の主役の武士の前に運ぶ。次に長柄所役《ながえしょやく》が長柄を捧げて、主役の前に進み膝を折り曲げて酒をすすめる。主役は三組の盃の一番上の盃に酒を注いでもらい飲み干して打鮑を食べる。その間に長柄所役は提《くわえ》所役《しょやく》のところに戻り、提子《ひさげ》から長柄に酒を補充してもらい、ふたたび主役の前にきて二の盃に酒を注ぐ。主役はこれを飲み干し勝栗を食べる。長柄所役は三の盃に酒を注いで席に戻る。そして主役の武士は最後の昆布を食べる。この間の酒の注ぎ方は、一、二回目はチョロチョロと注ぎ、三回目で八分目まで注ぐ。この注ぎ方を鼠尾鼠尾馬尾《そびそびばび》といった。これで出陣の盃事は終る。ちなみに結婚式の三三九度の盃事は、この儀式からきたものである。三種の肴を食べる順は、出陣のときは「打って（打鮑）」、「勝って（勝栗）」、「喜ぶ（昆布）」と縁起をかつぎ、凱旋《がいせん》のときは「勝栗」「打鮑」「干昆布」の順である。

三献の儀の陪膳所役、長柄所役、提所役の三役の動作はすべて左回りで行われ、長柄の酒も左に傾けて注いだ。右に傾けて注ぐのは切腹のときの水盃と、宴会のときだけであった。「左」に重きをおくことは、後述（102ページ参照）するが、常に戦闘態勢を取れるよう心がける武士の思想でもあった。

〈武士の出陣に行われる三献《さんこん》の儀《ぎ》の作法〉

三つ盃
打鮑
勝栗
干昆布
長柄所役が長柄を持ち膝をついて酒を注ぐ
三献の儀の主役の武士
長柄《ながえ》所役《しょやく》
ふたたび主役の武士のところへ戻り二の盃に酒を注ぐ
陪膳《ばいぜん》所役《しょやく》
配膳所役が三肴と三つ盃を載せた高坏《たかつき》を運ぶ
提《くわえ》所役《しょやく》
主役の武士が一の盃の酒を飲み、打鮑《うちあわび》を食べている間に左回りに提所役のところへ戻り、提子《ひさげ》より酒を補充してもらう

鬨《とき》の上げ方の誤解

武士は合戦に出陣のときには、自軍の志気を鼓舞《こぶ》し、敵に向かって戦闘開始を告げるために揃って大声を上げる。これを鬨《とき》を上げるという。敵味方同士が互いに鬨を上げ合って戦闘が始まるのである。敵味方の軍師や大将はその気勢によって相手の軍勢の規模や戦力、志気の勇武の度合いを測った。

鬨はまず指揮を取る武将が両足を開き、しっかりと地に踏ん張って、四股《しこ》を踏むような気構えで、兵士に向かって「えい、えい」と二回腹に力をこめて叫ぶ。それに対して兵士達が全員で「おうー」と応える。これを三度繰り返す。

現代でも、選挙の出陣式などで鬨を上げたりする。しかし、テレビなどを見ていると、鬨を上げる当事者が一人で「えい、えい、おう」と叫び、それに対して周囲の人々も拳《こぶし》を斜めに上げて「えい、えい、おうー」と繰り返して叫んでいることがある。これは「さあ、これから、えい、えい、おうで出陣しよう」と誤って理解した結果で、鬨を上げる本来の意味を無視した滑稽《こっけい》な場面である。「えい、えい」は準備、心構えは十分か、ただちに戦闘に入れるかという「良いか、良いか」という掛声であり、「おうー」は準備万端、心構えも整った、いざ出陣「おう良いぞ」という返事なのである。

往時の戦場は今日のように無線があるわけでもないので、敵味方は轟音《ごうおん》と砲煙《ほうえん》の中で混然として戦っており、その中で状況を判断するには、勝鬨《かちどき》などの声を参考にしたり、突撃や退却の命令・伝達など実戦的な指揮を取るには、陣貝《じんがい》、陣太鼓《じんだいこ》、陣鐘《じんがね》などの鳴り物が活躍した。

〈正しい鬨《とき》の上げ方〉
兵士全員が「おうー」と応える
指揮の武将が「えい、えい」と声をあげる
「おうー」

平家物語（4）にも「時をつくる事三ヶ度、宮の御方にも鬨の声をぞあはせたる」とある

〈間違った鬨の上げ方〉
全員で「えい、えい、おうー」と声をあげる
議員候補
伍郎

現代では、誤解して、一人で「えい、えい、おうー」と鬨を上げていることが実に多い

槍組足軽《やりぐみあしがる》が乱戦に巻き込まれなかった理由

戦場では、騎馬《きば》の武者《むしゃ》も槍組足軽と同様に接近戦では槍を武器に使い、離れた敵には弓矢を使った。馬上の戦いでは、左側に敵と対面しなければ不利であった。当時の武者は右利きで、武器も右利き仕様であったので、槍を使うには馬の首が前にあるため、右側の敵に対しては武器が使いづらかった。そのため騎馬の武者が槍組足軽に対峙《たいじ》するときは、常に左側で戦い、槍も一間半（約二・七メートル）から二間（約三・六メートル）くらいの長さの槍を使用した。これは長柄《ながえ》の槍（約五・四メートル）より短いので馬上戦では使いやすかった。

さて、槍組足軽であるが、その多くは槍術《そうじゅつ》も巧みでない徴用の雑兵で、集団になってこの長柄の槍を持ち、小頭《こがしら》の指揮号令のもとでロボットのごとく同じ動作で敵に対した。個人では突撃してくる騎馬武者にはとてもかなわないので、背中合わせに固まって、栗の毬《いが》のようにして戦い、ときには槍で殴りつけたり、横に払ったりして集団で騎馬武者を落馬させた。また、槍衾《やりぶすま》といって集団で槍先を揃えて騎馬武者や敵の進撃を待ち受けた。この戦形だと、敵は槍に刺されにいくようなものであるから突撃をすることが容易ではなかった。

映画やテレビの時代劇で、槍組足軽が入り乱れて合戦する場面がよく見られるが、槍組足軽は常に集団で統一行動をとるので、実戦ではほとんど乱戦には巻き込まれることはなかった。騎馬武者より槍衾で構える槍組足軽の集団の方がはるかに強力であった。また、上杉家には刃が一メートルくらいで柄の長さが二メートルくらいの薙刀《なぎなた》隊があった。俗に「馬の足払い」とよばれ、敵の騎馬武者を大いに恐れさせたという。

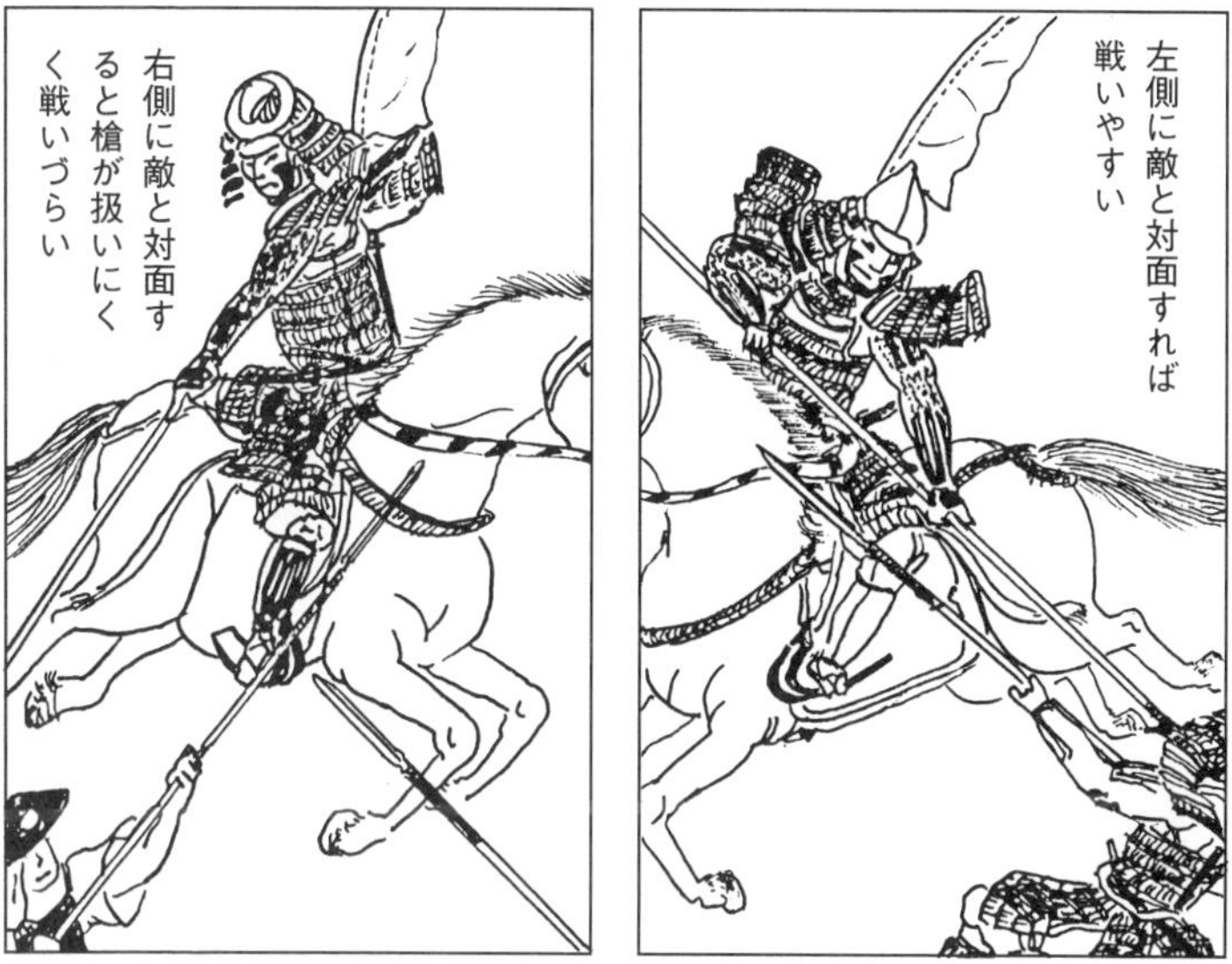
右側に敵と対面すると槍が扱いにくく戦いづらい
左側に敵と対面すれば戦いやすい

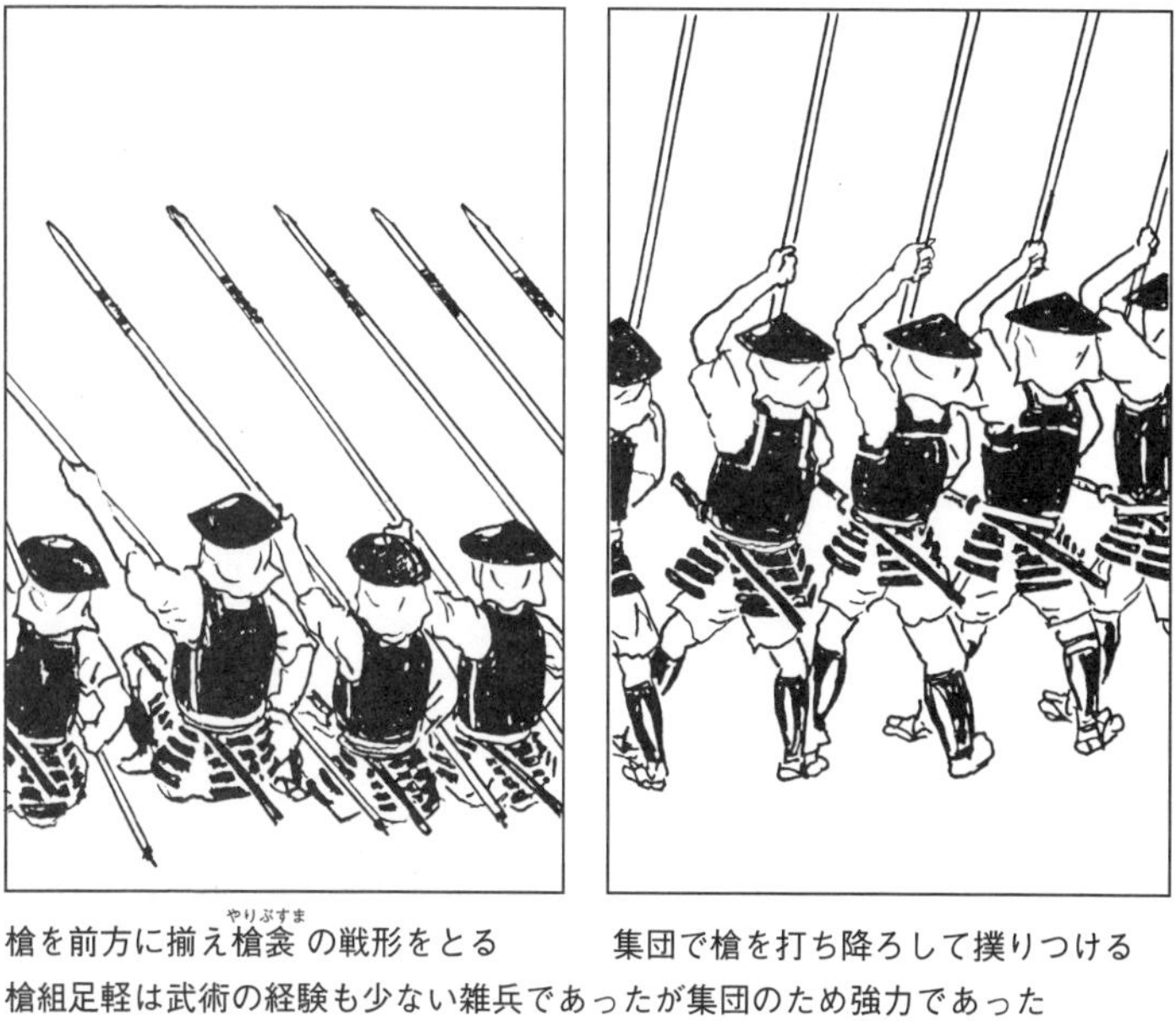

槍を前方に揃え槍衾《やりぶすま》の戦形をとる　　　集団で槍を打ち降ろして撲りつける

槍組足軽は武術の経験も少ない雑兵であったが集団のため強力であった

一番首《いちばんくび》の証明は？

武士にとって合戦は出世の舞台でもあり死に場所でもあった。それゆえ武士は合戦で手柄《てがら》をたてて、功《こう》名《みょう》を競い合った。合戦の功名にもいろいろあり、戦陣の一番先頭に立つ者を一番乗り、続いて二番乗り、三番乗りとその勇敢さが手柄となった。一番槍、二番槍、三番槍も同様である。これらは同僚や戦《いくさ》目付《めつけ》が証明してはじめて功名と認められた。

功名のなかでも、最も賞せられるのは一番首、二番首で、敵との緒戦《しょせん》で最初に敵首を討ち取った者は、ただちに本陣に引き返して、陣中にいる執筆役《しっぴつやく》に記録をとってもらう。執筆役は、二番首を打ち取ったものが報告に来たとき、二人のどちらが先に敵首を打ち取ったかを十分確認をしてから首帳《くびちょう》に記載する。二番首を打ち取った者が馬で馳《は》せ帰り、一番首を取った者より早く本陣に到着することもあるからである。しかし一番首であっても、敵の雑兵《ぞうひょう》クラスの者では功は少なく、一番首でなくても、敵将や敵の武勇の名高い者の首を打ち取った者は大手柄として賞せられた。戦場では味方も油断できず、味方を殺して打ち取った敵首を奪う者もいた。これを奪首《ばいくび》といった。また、追撃戦で打ち取った敵の首を斬る余裕のないときは、その鼻をそいで持ち帰り、戦いが終わってから鼻の欠けた首を捜して首を取って帰った。これを女首《おんなくび》といった。

このほかに敵との組打ちの功名、崩際《くずれぎわ》の功名（退却する敵に追撃をかけて敵首を打ち取ること）、殿《しんがり》の功名（味方が退却するとき、踏みとどまって、味方の退却を援護する勇敢な行為）、槍脇《やりわき》の功名（味方が敵将と槍合わせをして苦戦しているときに、脇から槍で支援して敵を打ち取ること）などの手柄がある。

軍目付

戦陣で敵の一番首を打ち取る武将とそれを確認する味方の軍目付《いくさめつけ》

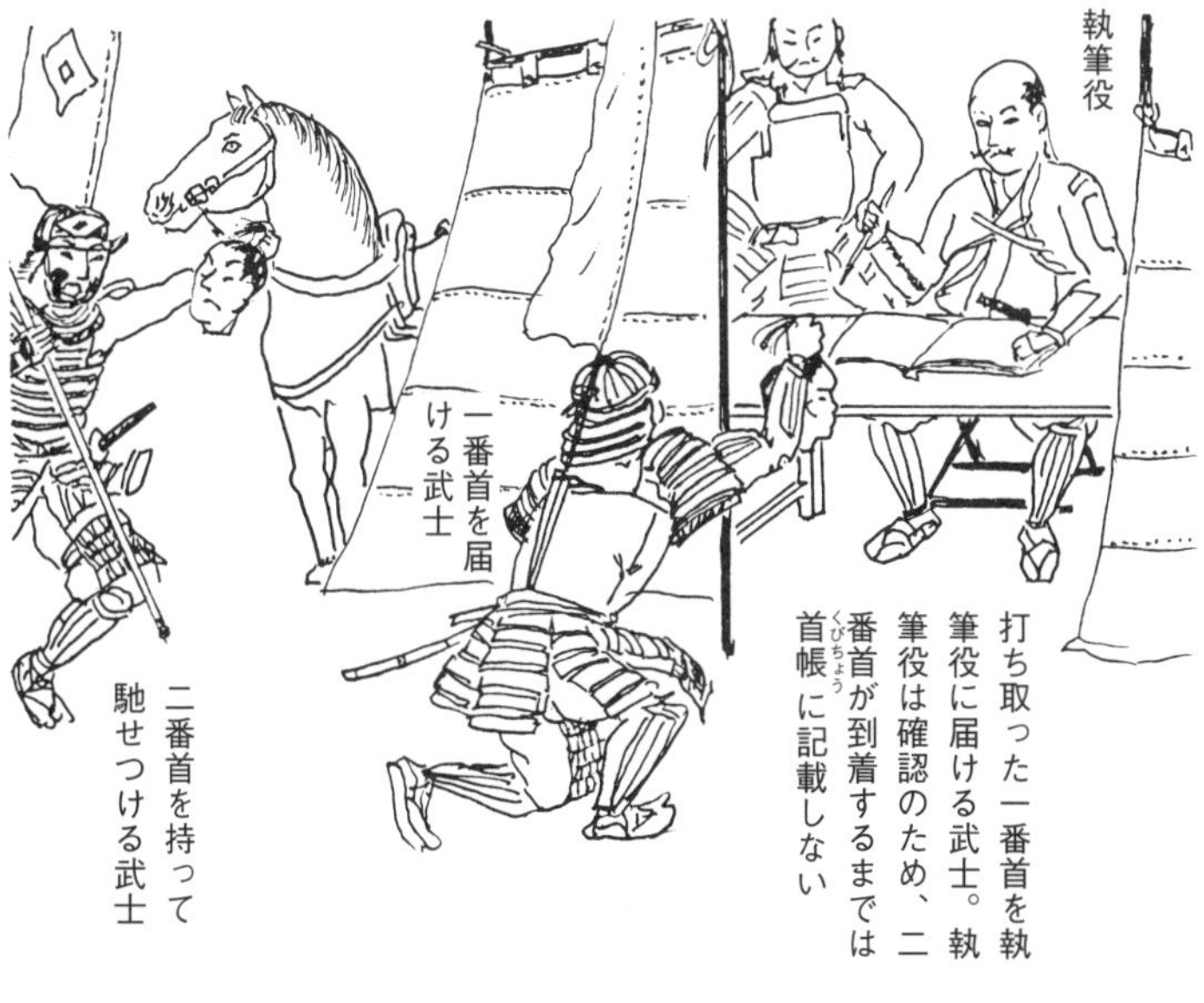
執筆役
一番首を届ける武士
打ち取った一番首を執筆役に届ける武士。執筆役は確認のため、二番首が到着するまでは首帳《くびちょう》に記載しない
二番首を持って馳せつける武士

功名は武士が生死を賭して得た手柄であり、執筆役は確証を得てから記載した

弓の持ち方の大間違《おおまちが》い

映画やテレビなどの時代劇で、弓を持った武者が馬に乗ったり、戦場を歩いたりする場面をよく見かけるが、その多くがあまりに弓道を心得ていないので、ここでは弓の持ち方の基本を解説しておきたい。

弓は両端の弦《つる》をかける所を弭《はず》といい、その上部を末弭《うらはず》、下部を本弭《もとはず》という。弓を徒歩で持つときは、弓手《ゆんで》(左手)で弓を持ち、まず肘《ひじ》をわずかに曲げるようにして、弦を外側に向ける。そして、弓の末弭を自分の目の正面の中央にくるような位置にし、本弭を地上から十～三十センチくらいの高さにして持つのが古式である。弓を担いだり、両手で抱えたり、天秤棒のように中央を持ってバランスをとりながらぶら下げるのは、まったくもって心得違いな持ち方である。射場《いば》で稽古《けいこ》のために進み出るときも同様で、弦は外側に向け、末弭を自分の体の中央にくるようにして持つ。矢を射るときは、弓を起こして末弭が上に、弦が内側にくるように左の掌でぐるりと回す。

馬上で弓を持つときは、自分の馬の両耳の間あたりに末弭がくるようにして左手で弓の握りを持ち、いつでも左側から攻撃できる体勢にする。弓は常に左手に持つため、左手を弓手《ゆんで》という。右手は矢を射たり、刀を振るったりしないときは手綱《たづな》を持つから馬手《めて》という。右手で弓を下げたり、体の右側に末弭がくる持ち方は正式ではない。古くは騎射戦であるから、左側に敵を受けて戦い、矢頃《やごろ》(射るにちょうどよい距離)になったら射る。しかし外《はず》れることもあるので、予備の矢をとって手早く射る。これを矢継《やつ》ぎ早《ばや》といった。また、弓勢を敵に示すために遠矢を射ることもあるが、「遠矢を射るは卑怯《ひきょう》なり」といって歓迎されなかった。

〈馬上の正しい弓の持ち方〉
馬上で弓を持つときは、左手で弓を抱え、末弭《うらはず》が馬の耳の間の上にくるようにする。左手で弓を下げたりすると、弓が馬に触れ、また攻撃も遅れる

〈徒歩の正しい弓の持ち方〉
末弭が身体の中心にくるように弓を小脇に持ち、本弭を地上から約10〜30センチ位の高さにして持つ

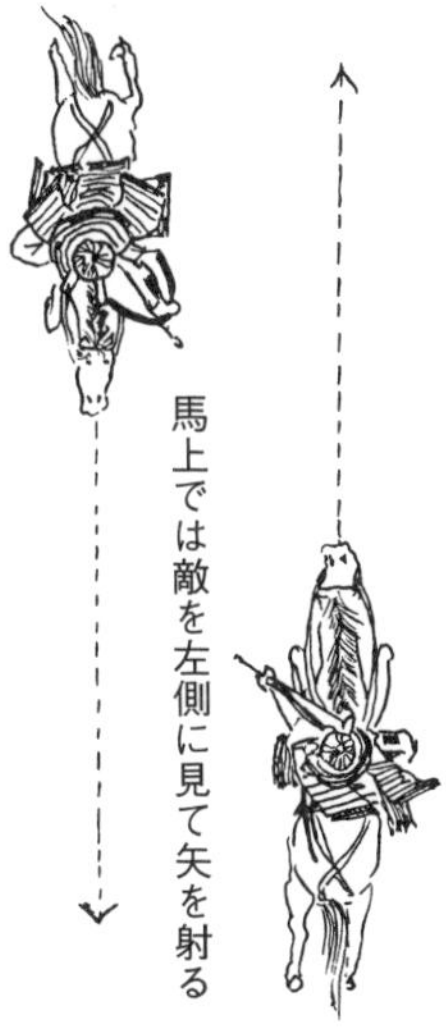

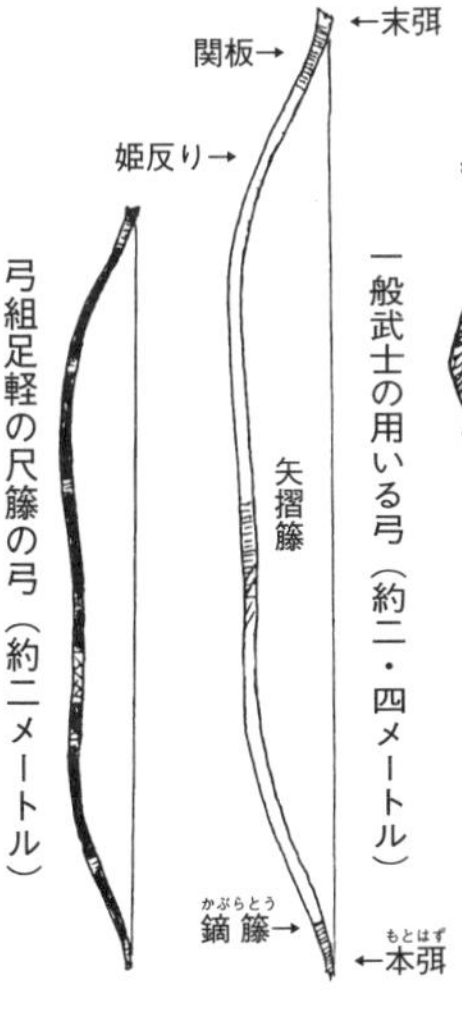

鏑矢《かぶらや》を射る。これが戦闘開始の作法

古くは弓矢を射ることが緒戦であり、それから乱戦になるので、武士の表道具はまず弓矢であった。そのため合戦の仕方を弓矢の道といい、功名を弓矢の誉れといった。転じて武士を弓矢の家ともいった。

源平時代頃から検非違使《けびいし》の随兵《ずいひょう》や武士は出陣のときは、右腰に箙《えびら》をつけ、十二〜十三本から、多くて三十数本の矢を入れた。その矢は全部射ることはなく、非常時のためにかならず一〜二本は残しておくのが心得であった。鉄砲が現れるまでは弓矢は唯一の飛び道具であり、戦闘には、予備の多くの矢を入れた矢櫃持《やびつも》ちが従った。梶原源太景季《かげすえ》が箙に梅の枝を挿し、風流を解する武者として誉められた逸話があるが、これは射残した矢が少ないことを隠すための行為であった。

矢を入れた箙にはかならず、蟇目《ひきめ》という木製の鏑《かぶら》をつける平根《ひらね》の矢が入れてあった。この鏑矢は先が叉《また》の形になっている矢で、これを射ると鏑の孔に風が入って不気味な響きを発するので悪魔払いにも用いられた。大将は出陣にあたって神社に願文《がんもん》を捧げるときに、その誓書《せいしょ》を矢に巻き付けて奉納した。そして戦闘開始にあたっては、大将か弓達者が敵陣に向けてこの鏑矢を射るのが始まりで、敵もこれに対して応対の矢を射掛け、戦闘開始を返答した。これを「矢合せ」といった。それから矢戦、突撃、乱戦となった。

この戦闘開始の作法ともいうべき風習は戦国時代まで続いた。敵城を攻めるときは、大将が敵の天守閣に向かって鏑矢を射るのが攻撃開始の合図となった。鏑矢を射るのは最初の一回だけで、その後攻めあぐんで城攻めが数度におよんでも、この鏑矢は二度とは射ることはなかった。

出陣にあたって大将は、信仰する神に必勝を祈願して願文《がんもん》を記した誓書を鏑矢に巻いて奉納する

戦闘開始にあたっては、大将か弓達者がまず鏑矢を敵陣に射る。「矢合せ」といって敵陣もこれに応えて射返し、戦闘が開始される

戦場で足軽《あしがる》が火縄銃《ひなわじゅう》を右肩に担がない理由

鉄砲組足軽は、鉄砲入れ（革か厚紙で作り漆で塗り固めた鉄砲収納具）を二つ折りにして腰帯に挟み込んでから銃を持つので戦闘開始となるとなかなか手数がかかった。このため戦場では火縄銃を鉄砲入れからだして、担ぐときは左肩で担いだ。これは火縄銃のばね金や火縄挟み、バネ仕掛けなどの重要な機能が右側に装置されているためで、これが顔の右側に接するので危険なためである。左側に担ぐとこれらの装置が外側になるので安全である。特に戦時の鉄砲組足軽は火薬や弾丸・口火薬を詰め、火縄を装着し、つねに臨戦態勢をとっているため、いつ暴発するとも限らないので、点火装置のある方が外側になるように左肩に担いだのである。左肩に銃を担ぐことによってとっさの場合右手で剣を抜くこともでき、火縄銃を左肩に担いで、右手で銃の台尻《だいじり》をとると、左手で上方に持ち替え、火縄銃をすぐに構えることもできる。また鉄砲組足軽は、大小刀を太刀《たち》のように鞘《さや》を上反《うわそ》りに差した。これは火縄銃を撃つために、折敷《おりしき》（右脚を折り曲げて尻の下に敷き、左膝を立てた構え）をしたときに、鞘が地面について動作がしにくくなることを避けたためである。

ただし大名や高禄の武士の供をする鉄砲組足軽の持つ火縄銃は鉄砲入れに納められ、銃もすぐに発射できるように準備はされていないので、肩の負担を軽減するために右肩に担ぎ替えても差し支えないし、大小刀も太刀反りに腰に差さなくても良かった。江戸時代の『諸卒出立図巻』では、鉄砲組足軽と主人の手筒《てづつ》足軽との鉄砲の持ち方を明瞭に区別しており、二十匁筒の大きい銃になると紐で左肩から右腰にかけて斜めに背負っていたり、右肩に担いでいる。これは主人の左側馬側《ばそく》に位置して従っているためであろう。

火縄銃をむきだしで担ぐときは点火装置など重要な部分が右側にあるので、左肩に担ぐ。また右手があいているので、とっさの事態に刀をすぐに抜くこともできる

火縄銃を鉄砲入れに収納して持つときは、肩の負担を軽減するために右肩に替えても良い

鉄砲組足軽は、右脚を折り曲げ左膝を立てて銃を撃つときに邪魔にならないように大小刀を太刀のように上反りに差した

〈火縄銃の部分名称〉

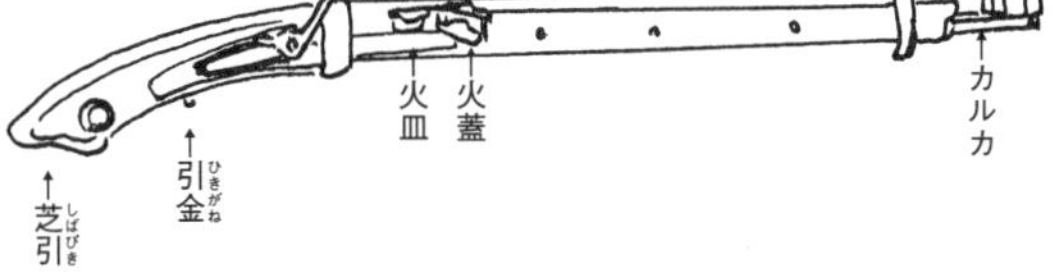

抜身《ぬきみ》の真剣《しんけん》を持つ走り方には定めがあった！

真剣勝負で、逃げる相手を追うときは、刀を両手に持っていては追いかけにくいので、当然片手に持つことになるが、刀身《とうしん》を下向きにすると、自分の膝や足を傷つけてしまう恐れがある。左手は斬る技の手ではなく、刀身をコントロールするものであり、左手で柄頭《つかがしら》を持つには刀が重すぎて不自由である。右手で鍔元《つばもと》近くを握る方が、左手をそえるだけで相手に斬りかかることができる。ではどのようにして抜身《ぬきみ》の刀を持って走るかというと、右手で鍔元近くの柄《つか》を握って、肩に刀の棟《むね》をあてて走るのである。これなら自分にも他の者にも刀の刃を触れることがなく、敵と相対したときに、左手を添えて斬ることも、相手の剣を受けることもでき、また、右手で片手斬りもできる。

映画やテレビの時代劇で、戦場において抜身の刀を右手でぶら下げながら逃走する相手を追う場面を見かけることがあるが、このような刀の持ち方をすることはなかった。たしかに刀を引っさげて敵を追う様子は見栄えがするが、武士としては良い心掛けではない。とくに戦場の乱戦の中で敵を追うときはなおさらである。右手で刀をぶら下げて走れば自分や味方の武士を傷つける危険もある。戦場では刀を右肩に担ぐようにして敵を追いかけたのである。ただし、水平には決して担がない。後から来る者に危険だからで、かならず右肩に斜め上に刃を立てて担ぐ。さらにいえば、右手の握った拳《こぶし》が右顎《みぎあご》から右肩よりになるように担ぐ。これは作法というよりは心得で、このようにすれば左手を添えれば青眼《せいがん》の構えにも、右八双《みぎはっそう》の構え（刀を正面より右寄せにして立てる構え）にもなり、大上段から斬り下ろすこともできるのである。

抜身の真剣を持って敵を追うときは、左手を添えてすぐに相手を斬ることができるので、刀の棟を右肩に押付けて走る

抜身の真剣を前に立てると、味方や関係のない他人に対しても危険になる

抜身の真剣を下げて走ると自分の膝や足を傷つける恐れがある

抜身の真剣を前に伸ばしても、味方や関係のない他人に対しても危険になる

日本の古式乗馬法と西洋式乗馬法は正反対！

西洋式乗馬法では、馬を正面に見て右側から鞍《くら》に手を掛け、左足を鐙《あぶみ》に掛けて騎乗するが、映画やテレビの時代劇では、この西洋式乗馬法で騎乗している場面が実に多い。現在は西洋式乗馬法が普及しているのでしかたがないが、これは大変な間違いで、日本古来の乗馬法はこの逆なのである。日本式では、馬を正面に見て左側から鞍に手を掛け、右足を鐙に掛けて、振り返るようにして跨《また》がって騎乗する。

ではなぜ西洋式に乗馬しないのかといえば、武士が甲冑《かっちゅう》武装したときに、刀の頭が馬の首に当たり邪魔《じゃま》になるからである。日本古式の乗馬法は、右足を鐙に掛けて右捻《ひね》りに跨がるので、刀の頭が馬の首に触れることなく騎乗できる。また、武士は槍でも弓でも敵を左に受けて戦うので、日本古式の乗馬法だと敵に対面しながら乗り降りできるのである。騎乗したときは、甲冑の前後の草摺《くさずり》は鞍の前輪・後輪を覆《おお》うようにする。

西洋式乗馬法ではダク足（馬が前脚を高くあげて足早に駆けること）で進むときは、膝の内側で馬の胴を軽く挟むようにし、鐙には靴先をちょっと掛けるだけで、馬の背が上下するときには腰を浮かして抵抗をさける姿勢をとる。これに対して日本式の乗馬法では、鞍に深く腰を下ろして、馬の背が上下しても尻に鞍を密着させ、鐙の外側の柳《やない》葉《ば》を挟むようにして、舌長鐙《したながあぶみ》にやや斜めに足裏をつけてしっかりと鐙全体を踏み締める。古記録に「鐙《あぶみ》踏張《ふんば》り突立《つった》ち上がり」とあるように、尻が鞍に密着しているので、ダク足で馬の背が上下しても人の尻は浮いたり衝突したりすることはない。映画やテレビの時代劇では、馬上で腰を浮かせて反動をとっている場面が実に多いが、これも西洋式乗馬法で、武家の時代の乗馬法ではなかった。

〈日本古式の乗馬法〉

馬を正面から見て左側から、右足を鐙《あぶみ》において騎乗する。こうすると刀が邪魔にならない。下馬するときも左側からおりる

馬の口取《くちと》り（牽《ひ》き手）は両手で轡《くつわ》の両端をしっかりと握り、馬面《うまづら》を上げて、馬の動きをとめる

〈現代の西洋式乗馬法〉

明治以降に輸入された西洋式の乗馬法では、馬を正面から見て右側から、左足を鐙において騎乗する。下馬するときも右側からおりる

馬の口取《くちと》りは騎乗者《きじょうしゃ》の左側に付き添うのが正しい

前項で記したように、江戸時代までの武士が馬に乗るときは、西洋式馬術のように馬を正面から見て右側からではなく、左側から騎乗する。これは騎乗するときに刀の頭が馬の首に当たり邪魔になることを避けるためである。また、敵をつねに左側に受けて戦うためでもあった。したがって手で馬の鞍《くら》の前輪の手形をつかみ、右足を鐙《あぶみ》に掛け、体を浮かしねじるようにして騎乗する。足は鐙の舌《した》のところに収めず、斜め外側に向け、履物は馬上沓《ばじょうぐつ》であろうと雪駄《せった》であろうと、足の親指と次の指で柳葉《やないば》（鐙の足を乗せる舌部の縁《ふち》の盛り上がっているところ）を挟むようにして踏む。西洋式乗馬靴には拍車があって、これで馬の横腹を打って指示をするが、日本式馬術では、舌先の角で泥障《あおり》を蹴って馬に指示を与える。泥障は皺韋《しぼかわ》で包んだ薄い蒲団《ふとん》状の泥よけであるから、蹴っても馬腹が傷むことはない。従者である馬の口取りは、主人が馬上になるまで、馬の面懸《おもがい》の緒《お》を持って、馬が主人をおとなしく乗せるように押さえている。

このように日本式乗馬では、馬を正面から見て左側から騎乗するのであるが、映画やテレビの時代劇では西洋式に逆の右側から騎乗することが多く、そのため馬の口取りも左側に位置していることが多い。これは間違いである。戦場においては、馬の口取りは馬を正面から見て、騎乗者の右側にいて主人の乗る馬を誘導し、馬が走りだしたら馬から離れる。なお、馬の口取りは小さい馬柄杓《まびしゃく》か馬の鼻捻《はなね》じを腰に差している。これは警棒のような大きさで、柄のやや下方に韋《かわ》の紐輪がついていて、馬が暴れたりしたときに韋の紐輪を鼻の位置にはめて締めつけて馬を制御するものである。馬の口取りはかならずこれを携帯した。

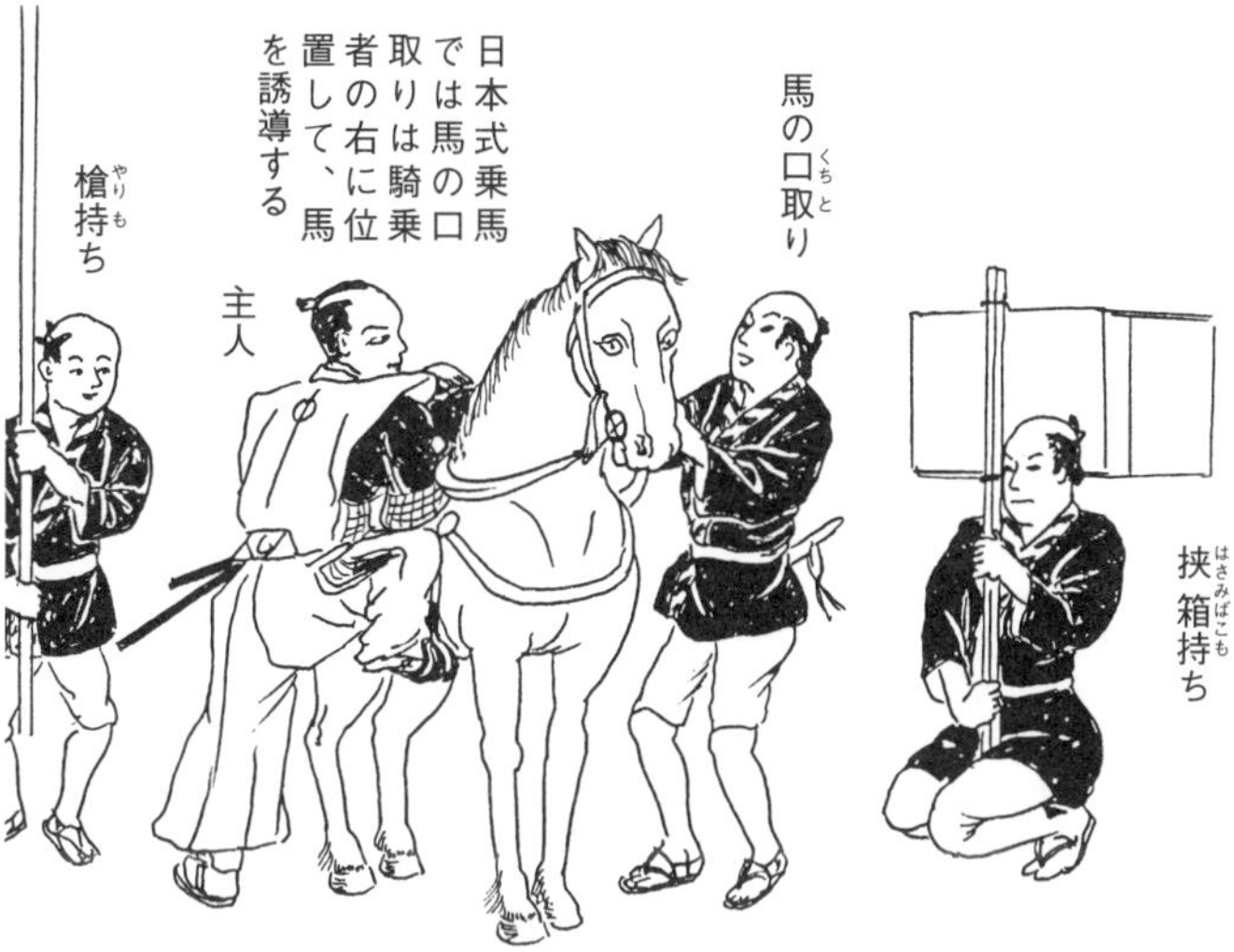

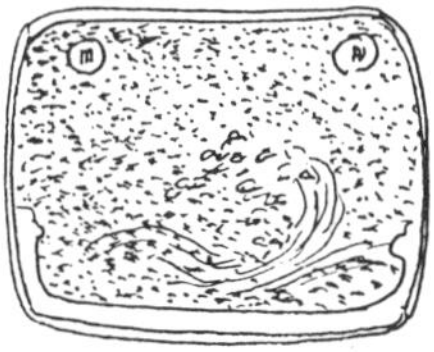

〈泥障《あおり》〉泥よけ

〈鐙《あぶみ》〉

暴れ馬の鼻に鼻捻の棒をはめてねじると、鼻緒がしめられて、馬は苦しくなりおとなしくなる

〈鼻捻《はなね》じ〉

馬柄杓《まびしゃく》で武士が水を飲む？

馬柄杓については『武用弁略』馬事之部（七）智の項には「杓ハ今云馬柄杓《ムマヒシャク》　多識編ニ比左古《ヒサコ》　今云比志也久《ヒシヤク》　柄《ヒ》ハ俗ノ付字……又云大ヲ馬柄杓ト云小ヲ水呑《ミズノミ》ト云テ持用異也《ヂヨウコト》」とある。古画を見ると、柄の長さが二メートル近くの柄の先に、口径二十センチ前後の桶をつけたものを雑兵《ぞうひょう》が担いで、騎馬武士の脇に従っている図があり、この道具を、馬に水を飲ませる柄杓として、馬柄杓《まびしゃく》または馬柄杓《うまびしゃく》と呼んだ。このくらいの口径があれば十分馬も水を飲むことができた。雑兵より軍馬の方が大切にされたともいえる。

その後、安土桃山時代頃から五十センチくらいの長さの柄の先に、径十センチほどで深さが十二センチくらいの桶をつけた馬柄杓よりひと回り小さい柄杓を、馬丁《ばてい》（馬の世話をする男）が腰に差すようになり、これも馬柄杓と呼ばれた。

しかしこの馬柄杓では、径が十センチくらいなので馬が口を入れて水を飲むことはできない。これは、馬上の主人が水や湯を飲む柄杓で、、形が似ていることから同名となったものである。このため、馬柄杓は同名でありながら、馬用と人用の二種があることになり、たびたび混同して使われたのである。両方の馬柄杓とも材質は檜の薄板を丸く曲げ、深底にし、柄をつけたもので、たいていは漆《うるし》塗りであった。人用の馬柄杓には、紋所《もんどころ》や模様などが描かれ、とくに主人が使用する馬柄杓には、金蒔絵《きんまきえ》などの装飾がほどこされ、柄に反《そ》りをつけるなど、手の込んだ豪華なものが多かった。

江戸時代には、馬の口取《くちと》りが背腰の帯に柄を斜め差しにし、主人の求めに応じて水を入れて差し出した。

〈平安・鎌倉時代の馬柄杓《まびしゃく》〉

古図に見る、馬に水を飲ませるための柄が長く深底で口径の広い馬柄杓《まびしゃく》

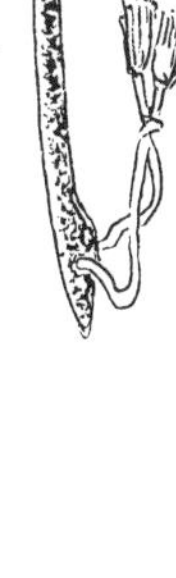

〈江戸時代の馬柄杓〉

江戸時代に馬の口取りが主人に水を差し出すために持つ柄杓も馬柄杓といった

馬柄杓を腰に差す馬の口取り

武士はなぜ左側を重んじたのか？

江戸時代の武士の衣服の着装法は、武装でも日常の衣服でも左側を優先する慣習があった。これは敵に対していつでも戦闘態勢をとれるように工夫したことによる。

たとえば弓は左手に持ち、右手で矢をつがえ、左前方に敵を見据えて射る。槍はまず左手を前方にだして、右手で操作する。つまり左側がつねに先（敵）に向かう形になることからきている。日常の衣類でも、まず腕を左袖に通す。袴《はかま》も左足から踏み込む。足袋《たび》や草鞋《わらじ》、毛沓《けぐつ》も左から履く。

ただし弓手袋は右からはめた。これは利き手である右手をまず整えるためである。そのため、弓手袋を脱ぐときも右側からおこない、右手を有効にしてから左側の弓手袋を脱いだ。

甲冑を着用するときも、籠手《こて》は左側からつけ、脛巾《はばき》や臑当《すねあて》も左側から装着した。ただし、胴鎧《どうよろい》を着用するときは、胴鎧の肩上先の鞐《こはぜ》を右胸の鞐に先に合わせた。これは、こうして着用すると、甲冑着用の途中であるが、一応胴鎧は胴に密着したことなるので、この状態でも敵と十分に対戦できたからである。

乗馬も馬を正面から見て、左側から鞍《くら》に手を掛け、右足を鐙《あぶみ》に掛けて乗った。これは刀の頭が馬の首に触れないためでもあり、つねに敵を左側で受ける乗り方であった。そして、馬上においても、敵を左側に受けないと槍や弓の操作が不自由であった。ただし、馬上での刀による戦いの場合は、敵を右側に受けた。これは刀を利き手の右手で持つため、右側に敵を受けないと十分戦えないためである。また、両手で刀を持つようになってからは正面に敵を受けるようにもなったが、それでも動作の多くは左側を重んじたのである。

〈武士が左側を重んじた動作〉

武士は敵を左側に受けて戦うため、左側を先に整えることが多い

刀は右手が先になるが、鯉口《こいぐち》（刀の鞘口《さやぐち》）を切るのは左側
脛巾《はばき》や臑当《すねあて》、草鞋《わらじ》は左からつける
着物も左袖から手を通す
籠手《こて》も左からつける
甲冑《かちゅう》の銅鎧《どうよろい》は逆で、肩上の鞐《こはぜ》を右胸の鞐に合せる。これは銅鎧の着用を急ぐためである
弓も左手に持つ

間違いが多い時代劇の幟旗《のぼりばた》

戦場で敵味方がそれぞれ自軍の陣容や出撃した軍の位置を示すものに幟旗《のぼりばた》がある。幟旗は一幅《いっぷく》の布を長く垂らして文字や紋を描いて、上端に横芯を入れ、長い竹竿に結びつけたもので、風にひらひらと靡《なび》くので俗に流れ旗といい、のちには旗指物《はたさしもの》と総称されるようになった。もともと旗は祭りなどの神事で神を招く依代《よりしろ》や招代《おぎしろ》として竿頭《さおがしら》に紙や布きれなどをつけたもので、それが戦陣の標識となったものである。

室町時代頃から、旗の上端と竿の左側の縁に一定間隔をおいて、乳《ち》（小さい布や革を二つ折りにして輪状にしたもの）に竿を通したものとなり、風がなくても旗を広げた状態を保つことができるようになった。また、布の左側を袋《ふくろ》縫《ぬ》いにし、竿を通すものもあった。軍陣には幟杭《のぼりくい》（旗籠《はたがき》）を差し、鍵形《かぎがた》に同じ幟旗を多数ならべて立て、諸方から見えるようにして軍勢を鼓舞《こぶ》した。敵味方の識別に用いられたこの幟旗には、それぞれの軍を表わす文字や紋、模様などがしるしとして描かれ、また、武士の持つ背旗にも自らの戦功を顕示したものもあった。

さて、この幟旗にも裏表の別があった。武士が戦闘上、槍や弓で敵と対するときに左側を前に出して受けるように、武士はつねに左を重んじたので、幟旗でも個人の背旗《せばた》でも、旗竿が左側に位置するのが前面、つまり表面とされた。それに対して神社や商店の幟旗は右側に竿がくる。最近では、全国の観光地で地元ゆかりの武者行列《むしゃぎょうれつ》などの行事が行われることが多いが、それを見ると旗竿が左側にくるべきところ、軍陣用の幟旗や武士の背旗の竿が右側のものが多い。一般の旗竿を使ったためであろうが、これは間違いである。

〈軍陣用の幟旗《のぼりばた》と竿の位置〉

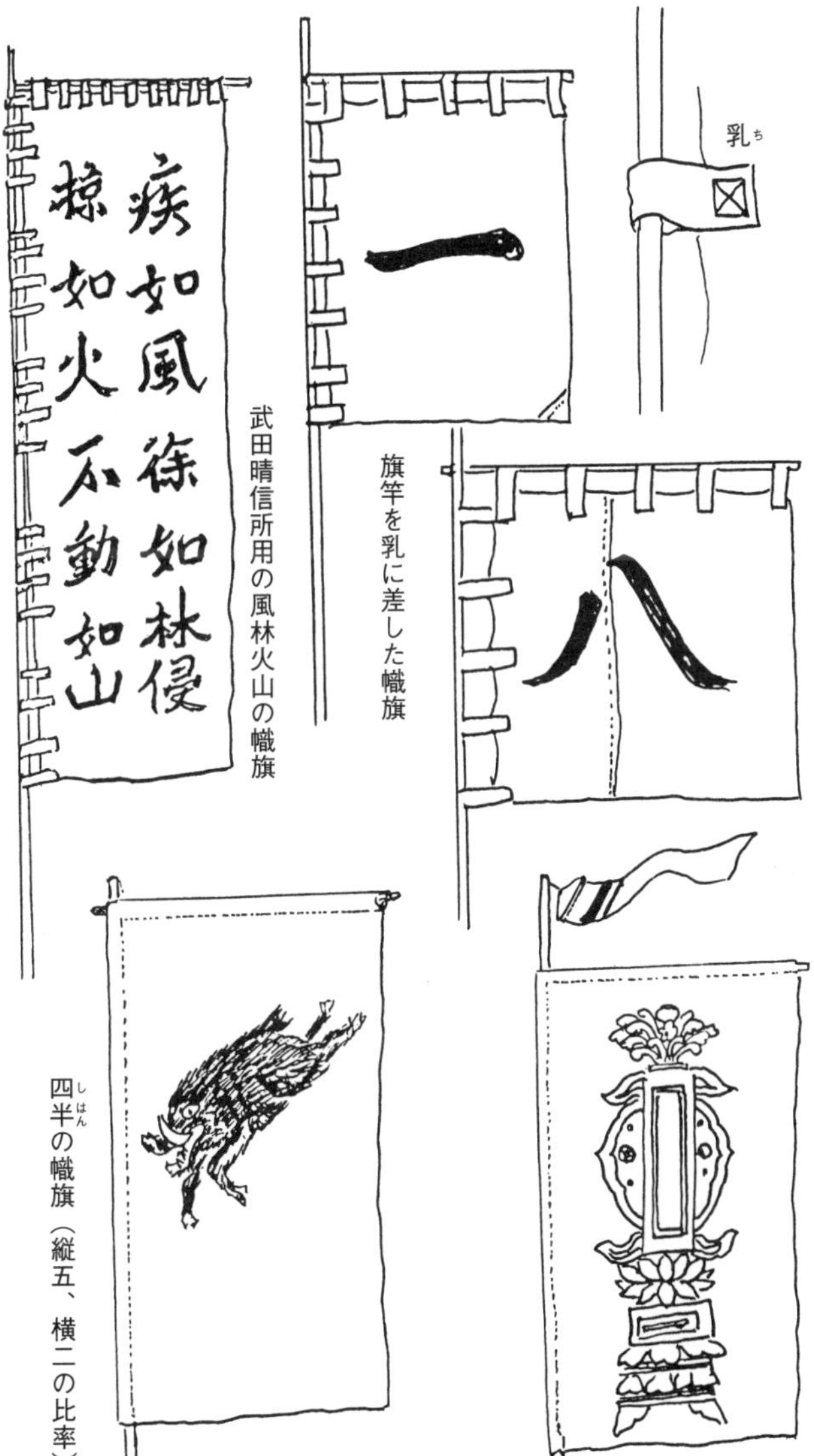

武田晴信所用の風林火山の幟旗

旗竿を乳に差した幟旗

四半《しはん》の幟旗（縦五、横二の比率）

竿通しの穴が袋縫《ふくろぬい》の幟旗

戦旗から見ると鯉幟《こいのぼり》は鯉の吹貫《ふきぬき》というのが正しい

戦国時代には、敵味方の識別をするために実にさまざまな旗印《はたじるし》が用いられた。初期は反物《たんもの》を二反縫い合せて、布の端に横手《よこて》という棒の芯をつけて、竿の上部につけたものを旗印とした。これを長旗《ちょうき》といい、これを持って走ると旗が流れるようになびくので流れ旗ともいった。その後、戦旗は五、六反の布を縫い合せて筒状にしたものが主流となり、吹貫旗《ふきぬきばた》とよばれた。この旗の中を風が吹き抜けると、ひらひらと動きはためき、あたかも魚が泳いでいるように見えるので、鯉に見立てて絵を描いたのが鯉幟である。鯉は勢いよく飛び跳ねたり、見た目にも豪胆《ごうたん》なところから、江戸時代には鯉登り《こいのぼ》（鯉の滝登りといって鯉は滝を遡《さかのぼ》るほど勢いがあるとされた）と書かれ、出世魚《しゅっせうお》として子供の将来を願うために、五月の節句《せっく》に幟にして屋外に立てた。

このことからすると、鯉幟は幟旗《のぼりばた》ではなく、吹貫旗なのである。これが幟といわれるようになり、さらに「江戸っ子は五月の鯉の吹流し、口先ばかりで腑《はらわた》はなし」（口先はやかましいが、腹に悪気がなくさっぱりした気性のたとえ）といわれるようになった。これも間違いで、吹流しは五、六反の布を吹貫のように筒状に縫うが、中ほどからは幾条かに別れた布を縦に帯状にしたものや、最初から縦に帯状した長い布を円形や半月形の枠に取りつけ、竿の上端につけて風になびかせるものであり、陣中の旗印の一つであった。やはり、鯉幟は吹流しでもなく、吹貫旗なのである。このように本来は鯉の吹貫であるはずが、二回の間違いを経て、鯉幟となったのである。なお、吹貫の長いものを蛇袋《じゃぶくろ》といった。

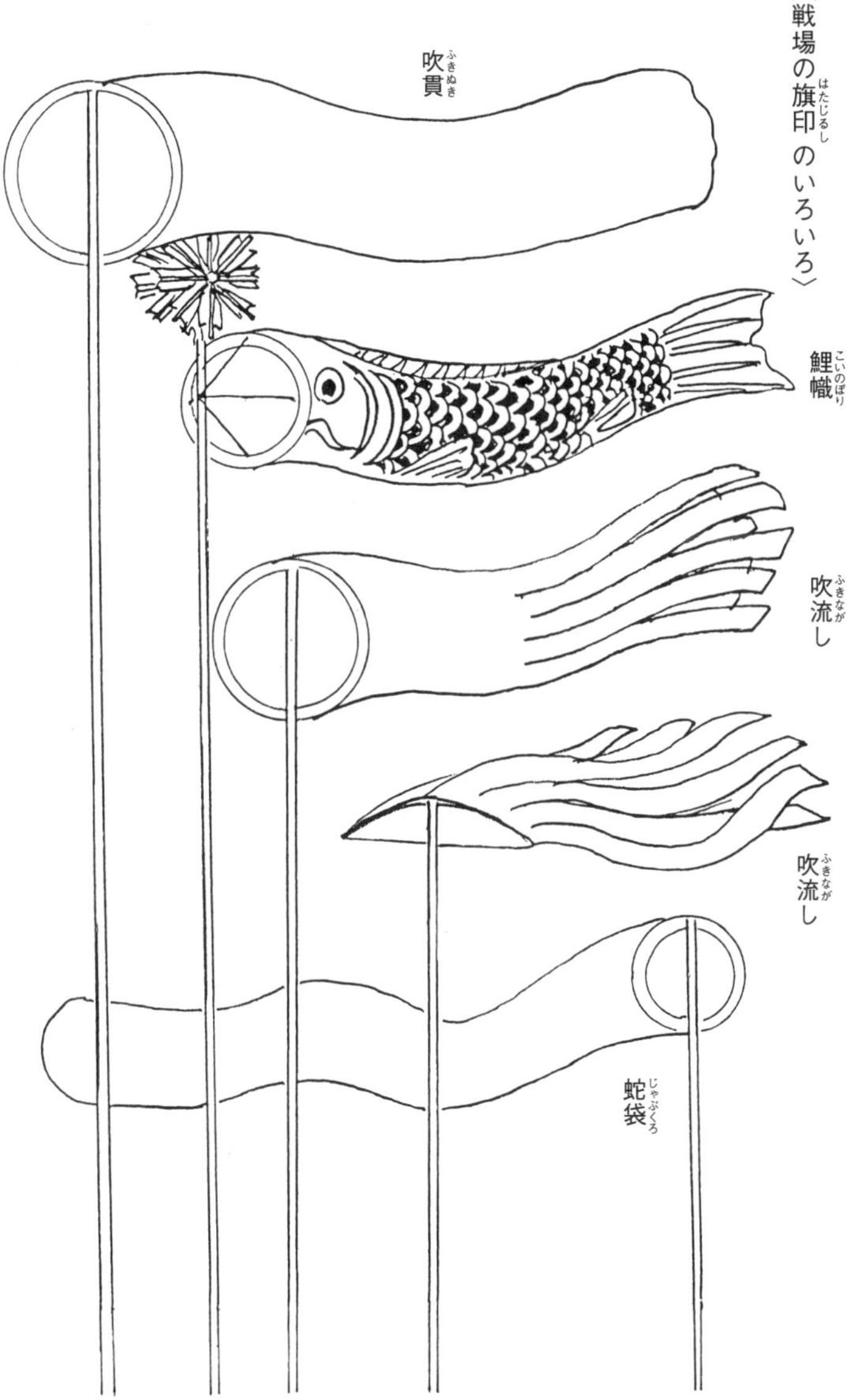
〈戦場の旗印《はたじるし》のいろいろ〉
吹貫《ふきぬき》
鯉幟《こいのぼり》
吹流し《ふきなが》
吹流し《ふきなが》
蛇袋《じゃぶくろ》

下級武士の貧しい所得《しょとく》事情

旗本や御家人の収入は家禄《かろく》といい、米を基準とした「石《こく》」「俵《ひょう》」「扶持《ふち》」の三種類があった。「石」は知行取《ちぎょうど》りと現米取《げんまいど》り、「俵」は蔵米取り、「扶持」は「人口《にんく》」とも呼ばれ、扶持取《ふちど》りである。

知行取りは主君から石高《こくだか》に応じた土地を拝領《はいりょう》するもので、領民の収穫から四公六民《しこうろくみん》（領主が四割、領民が六割）の割合で年貢を徴収する。百石取りだと四十石（四百斗）が税収となり、これは米百俵に相当する。

蔵米取りは幕府や藩から米俵で支給されるもので、切米取《きりまいど》りともいわれ、知行所を持たない武士の収入であり、幕府の場合、春・夏・冬の三季に分けて浅草蔵前で支給され、必要な分を札差《ふださし》で換金して現金とした。貧しい武士は翌年の蔵米分まで前借りしたので、利息でますます困窮した。このように蔵米取りは不作でも収入が保証されたが、そのかわり知行取りは、領民を下僕や奉公人に使うことができた。

扶持取りは一人一日五合の計算で毎月米を支給される。いわゆる食扶持《くいぶち》である。三十俵二人扶持《ににんぶち》というときは、二人で一日一升＝年三百六十五升＝約三・七石（約十俵）の扶持と年三十俵＝約十一石の合計十四・七石の収入となる（幕府の米一俵の公定値三斗七升で計算）。あえて現代に換算すると、米一俵を約六十キログラムとし、現代の米の価格を十キログラム約四千円とすると、米一俵は二万四千円となり、知行百石取りは百俵に相当するので、年収二百四十万となる。また、三十俵二人扶持は約四十俵＝二千四百キログラムであるから、年収九十六万円となる。幕臣の下級武士の多くは三十俵二人扶持であった。下級武士は家禄・家格の世襲がなく、親が亡くなると、子が新規召し抱えの形で雇用され、十五俵一人扶持からはじまった。

〈知行取《ちぎょうど》り〉

家禄を石高に応じた土地で拝領するもので、農民から四公六民で米を徴収した。豊作や不作の影響を受けたが、領民を使役できた

〈蔵米取《くらまいど》り〉

家禄が米俵で支給されるもので、必要量の米を運び、残りの米は札差で現金に換金した。米の豊・不作にかかわらず一定の量が支給された点で安定していた。しかし札差から前借りする武士が多く、実態は札差に経済的に支配されていたといえる

庶民でも苗字帯刀《みょうじたいとう》を許された武家奉公人がいた!

武家の奉公人には、用人《ようにん》、給人《きゅうにん》、中小姓《ちゅうごしょう》、若党《わかとう》、中間《ちゅうげん》の別があり、給人や中小姓は単に侍《さむらい》または徒《かち》(徒士)とよばれ、その下に若党がいて、ここまでが苗字帯刀を許された奉公人で、さらにその下に武家につかえる下男の中間がいる。若党までは、将軍の幕臣であり藩主の家来である武士が雇った者であるから陪臣《ばいしん》とされて武士に準じた。これらの奉公人は、家禄《かろく》を継ぐことができない貧しい武家の二男や三男が雇われることが多かった。給料は年に三両一人扶持《いちにんぶち》から五両三分二人扶持くらいで妻帯《さいたい》ができる者はわずかで、多くは主人の長屋に住んだ。羽織《はおり》袴《はかま》に二刀を差したが裃《かみしも》や熨斗目《のしめ》は着用できない。若党は刀一本のみを許された。

この中でも用人は、大名家の家老にあたり、対外的な折衝や財務管理、屋敷内の奉公人を取りしきる重要な役であった。給人や中小姓はおもに庶務、若党は警備や主人の外出に供侍として従った。これらの奉公人には、能力があれば農民や町民が雇われることもあった。彼らは苗字をもっていないので、つとめている間だけ何某何兵衛と名乗り、辞めると元の無苗《むみょう》に戻った。

また、かれらは主人の都合で辞めさせられたり、自分の都合で辞めてもっと条件のよい別の武家につとめる者もあり、これを「渡《わた》り」といった。渡り用人、渡り徒《かち》などと呼ばれ、性格のすれた者が多かった。

中間はあだ名を「折助《おりすけ》」といい、主人の外出時に槍《やり》持ち、草履《ぞうり》取り、挟箱《はさみばこ》持ち、馬の口《くち》取《と》り、駕籠《かご》舁《かき》などとして従事し、主人から支給される家紋入りの木綿の法被《はっぴ》姿で、背の帯に真鍮《しんちゅう》か銀メッキの木刀《ぼくとう》を差した。この中間は口入屋《くちいれや》(人材派遣屋)から期限つきで雇われる者が多かった。

〈用人《ようにん》〉用人は家老ともいうべき重職で、対外折衝、財務、奉公人の管理などを行い、能力があれば、町人や農民も雇われた

〈徒《かち》・若党《わかとう》〉給人《きゅうにん》や中小姓《ちゅうごしょう》などの徒《かち》は庶務を、若党《わかとう》は警備や主人の供侍《ともざむらい》などに従事した

〈中間《ちゅうげん》〉武家に仕える下男で、槍持《やりも》ち、草履取《ぞうりと》り、挟箱持《はさみばこも》ち、馬の口取《くちと》り、駕籠舁《かごかき》などに従事した

中間《ちゅうげん》は武士の最低限の雇用人

中間は前項でも述べたが、おもに槍持《やりも》ち、草履取《ぞうりと》り、挟箱持《はさみばこも》ち、馬の口取《くちと》りなどの武士につかえる下男である。ここではその仕事をさらに具体的に解説したい。地方の小藩では家禄が五十石くらいでも、外出の折りには槍持ちを義務づけたが、幕府では百石で槍一筋（槍持ち一人）、草履取り一人、挟箱持ち一人とし、二百石級から馬一頭と馬の口取り一人、用人兼侍一人、槍持ち一人、草履取り一人、挟箱持ち一人を供とした。

槍持ちはかならず主人の右側の少しうしろに従った。これは主人が争いごとなどで「槍！」と叫んだときにすぐに槍を差し出すためで、主人は右手で槍を受け取り、左手を添えれば、槍を最短の早さで構えられるからである。また、殿中でも、勤務先でも屋敷の中はすべて座敷であり、大勢が屋敷の玄関や中ノ口（内玄関）から座敷へあがると、誰の草履であるのかわからなくなるので、かならず草履取りを従えた。草履取りは主人の草履を二枚裏合せにして、腰に差すか、懐中して控室に待機する。「誰々の草履取り」と玄関で呼ぶ声がしたら、草履取りは草履の鼻緒を持って、玄関の式台から三尺（約一メートル）ほど離れたところから主人が踏み出す足もとに投げ揃える。そのため草履取りは日頃から草履投げの練習をしていた。この草履取りを雇う余裕のない武士は出かけるたびに口入屋《くちいれや》（人材派遣屋）から派遣してもらった。この口入屋の草履取りのほうが草履を投げるのが上手だったという。

さらに武士が出勤するときはかならず挟箱持ちを従えた。挟箱は葛籠《つづらかご》の箱で、その中には着替えや、執務に必要な品々を入れてあり、帰宅しないでもつねに急な出張に出られるようにしていた。

主人の足もとに直接草履を手でおくことは非礼され、三尺（約一メートル）ほど離れたところから投げ揃えた

槍持ちは、最短で槍を主人に渡すことができるように、かならず主人の右うしろに従った。主人は右手で槍持ちの差し出す槍を持ち、左手を添えれば、すぐに戦闘態勢をとることができる

将軍の命を受けた御庭番《おにわばん》は大丸呉服店の秘密の一室で変装した

御庭番が設けられたのは三代将軍家光のときとも八代将軍吉宗のときともいわれ、伊賀者がつとめた。御庭番は百俵高前後の身分の低い武士で、御目見《おめみえ》と御目見以下とがあった。表向きは江戸城奥庭の監理が業務であるが、本来の任務は将軍や老中の命を受けて諸大名のお家騒動や内紛などの密偵を行う隠密役《おんみつやく》である。住まいは日比谷門外の鍋島家の一部にあり、任務の漏洩《ろうえい》を防ぐため他の武士との交際は禁じられていた。

将軍から御庭番を呼べと内密に声が掛ると、側御用取次《そばごようとりつぎ》から御駕籠台《おかごだい》（将軍が外出のときにそこから駕籠に乗る玄関の式台）に出頭せよと達しがでる。御庭番は竹箒《たけぼうき》を持って御駕籠台の下に平伏《へいふく》する。将軍はみずから口伝えに「何々を探索して来い」と下命する。ときには将軍自らが諸費用を支給することもあるが、通常は御殿詰勘定所《ごてんづめかんじょうしょ》より支給される。御庭番は下命が下ると家には戻らず、ただちに下城して、大丸呉服店へ行く。大丸呉服店の奥の間には秘密の一室があり、そこにはさまざまな階層の変装用の衣服調度品が揃えてあり、御庭番はそこで目的にあった身分や職業に変装する。御庭番は、見破られないように、日頃から自分の変装する職業を学んでいて、万一相手方に捕えられても決して白状せず、殺されると息子が跡目を継いだ。

変装した御庭番は大丸呉服店の裏木戸から出発し、目的地に向かう。隠密中に資金が欠乏した場合は、その地方にある幕府の代官所に支払委嘱《いしょく》の令状を見せて補充をし、目的を果たすと江戸城に戻り、将軍が庭を散策した折りに、蹲踞《そんきょ》して報告するか、将軍の側御用取次に報告する。重要な件は笹の間に控えて将軍に報告する。御庭番は一生の内に重要な役を一度務めれば、二度とは命ぜられることはなかった。

御庭番は御庭番であることを示すために左手に竹箒を持って平伏し、将軍は小姓も連れずに一人で御駕籠台《おかごだい》に現れ、直接御庭番に隠密調査を下命する

虚無僧《こむそう》姿に変装した御庭番

将軍より隠密の下命を受けた御庭番は、直ちに下城し、大丸呉服店の秘密の一室で変装し、裏木戸からひそかに調査地に出発する

三度試験に落ちると家督相続《かとくそうぞく》ができなかった！

今日では、少年犯罪の頻発が深刻な社会問題となっているが、江戸時代の武士は十六歳で成人で、家督《かとく》を継いだ者が罪を犯した場合は、家の当主《とうしゅ》として裁《さば》かれた。重罪になると、家の断絶や家族、家来が路頭に迷うことになる場合もあり、その意味で当時の武家の少年の罪と罰に対する社会的意識は今よりはるかに深かく重かったといえる。

武家には家禄《かろく》がついているが、役職勤めには、御役高《おやく》や御役料（扶持《ふち》）、御役金（その役職を勤めるために必要な支出金）などがつき、子がこれら親の役職の跡目を継ぐためには十六歳で元服《げんぷく》（成人）していなければならない。幕臣の子息の場合、さらに湯島の聖堂などで行われる四書五経《ししょごきょう》などの素読吟味《そどくぎんみ》の資格試験をパスしていなければならなかった。しかしこの素読吟味の資格試験は、十二歳になると受けることができるので、十二、三歳で父親が死んでも、十六歳と称してただちに元服し、父親の跡目を継いだ。

父親の役職を継ぐときに、組頭《くみがしら》に御目見《おめみえ》をするが、嘘とわかっていても、回りの者が「見事な御成人で御座る」と褒《ほ》めたたえて通してしまうのである。なかには意地の悪い組頭がいて、「そちは本当に公年《こうねん》であるか、私年《しねん》か」と訊《たず》ねることもあるが、「公年で御座る」と答えれば「見事な御成人で御座る」と返されて済む。

素読吟味の受験で、甲の成績の者には反物三反《たんものさんたん》、乙の者には反物二反、丙の者には銀二枚が下賜《かし》された。落ちた者は三度まで追試験を受けることができたが、三度落ちると受験資格がなくなり、高身分でも家督相続ができなくなった。

十二歳になると素《そ》読《どく》吟味《ぎんみ》の試験を受けることができた

元服《げんぷく》（成人）して、組頭《くみがしら》に御目見し、父親の役職の跡目を継いだ

組頭から「公年《こうねん》か私年《しねん》であるか」と質問され、十六歳未満であっても、「公年で御座る」と答えると、「見事な御成人で御座る」と認められる

浪人《ろうにん》と浪士《ろうし》は大違《おおちが》い！

映画やテレビ、時代小説などで、禄《ろく》を召し放された者をすべて浪人としていることがあるが、それは間違いである。浪人は無宿《むしゅくもの》者を含め、職業を持っていない者の総称で、二刀を捨てた武士から庶民までを含む。

これに対して浪士とは、主君から召し放されて浪々《ろうろう》の身になっても、武士の体面を保ち、二刀を帯びている者をいい、貧しさのため傘張りや植木職、商人の下請の内職をしていても浪士なのである。当初、領地や官職、地位を失った武士を牢人《ろうにん》（牢籠人《ろうろうにん》の意）といい、このことから同音で浪人というようになり、同様の意味で江戸時代でも混同して使われたが、正しくは浪士なのである。赤穂浪士というのは、主君の仇討《あだう》ちのために商人に姿を変えていても、いざというときには二刀をとって武士の姿となって本懐《ほんかい》を遂げているので浪士なのである。かれらが土着して農民と同じ仕事をしている場合は郷士《ごうし》と呼ばれる。

時代小説には「二刀を差した浪人者と喧嘩《けんか》した」とか「浪人者に斬られた」などの表現が見られるが、これは浪士の誤りなのである。二刀を捨てれば、農村であればその土地の庄屋《しょうや》に、市中であれば名主《なぬし》に届けて、農民や町民の人別帳《にんべつちょう》に記載されて、庶民としての扱いを受けるのである。江戸初期には、大名の改易《かいえき》や減封《げんぽう》、転封《てんぽう》が頻繁《ひんぱん》に行われ、浪士が大量に江戸に流入し、由井正雪事件などが起こり、幕府にとって困窮《こんきゅう》する浪士の存在は不安の種であり、町奉行所により浪士改《あらた》めが厳しく行われた。元禄年間（一六八八～一七〇四年）以降は浪士の証明書がないと旅行ができなくなった。寛延年間（一七四八～五一年）頃より刀改《かたなあらた》めも行われ、再仕官の道も途絶えて来た浪士は、元武士のプライドを持ちながらも徐々に町人身分に溶け込んでいった。

貧乏生活でも二刀を差している者は浪士《ろうし》

当初は帯刀者の監督は幕府中央にあるべきものであったが、浪士の増大で、町奉行が監督するようになった

物乞い生活でも二刀を差している者は浪士

旅から旅を渡り歩く無宿者は浪人《ろうにん》

庶民の無宿者は浪人

大名の改易《かいえき》（取り潰し）などで多数の浪士《ろうし》が江戸に流入したため、幕府は不穏《ふおん》武士の取り締まりのため、浪士に家を貸す者には、町奉行所に、浪士の親類書《かき》上《あげ》、以前の身分・姓名・年齢・生国・恩師・浪士年数などの提出を義務づけた

寺子屋《てらこや》では食えない浪士《ろうし》の生活

主君の改易《かいえき》（所領や家禄・屋敷を没収すること）や罪を得るなどして禄を離れた浪士は、生きていくためには内職をせざるを得なかった。多くは読み書きや武芸の指南、刀研《と》ぎ、武具の修理、唐傘《からかさ》の紙貼り、髪結いなどをした。このうち読み書きや武芸の指南は、月謝を取って教えるのではなく、束脩《そくしゅう》といって入門する時に師に白扇を二本入れた箱に、僅かばかりの金銭を添えて贈呈するくらいなのでほとんど収入にはならなかった。女子の場合も、上巳《じょうみ》（三月三日の女子の雛祭りの日）に諸芸の師匠の所に心ばかりの祝い物を持って行くくらいなので、この二つは余裕のある浪士が行った。よく時代小説などでは、食べるために寺子屋をやる浪士が登場するが、寺子屋ではなお食えないのである。

やはり手間賃稼ぎである安物の大黒傘の仕上げ、楊枝《ようじ》削り、木版の版下の字や絵、花札の絵、凧の絵を描くなどのわずかな日当稼ぎ、趣味を生かした植木手入れ、盆栽作りなどのいろいろな雑仕事の収入で食べていくのがやっとであった。

また、武家の用人《ようにん》や若党《わかとう》に雇われたり、博徒《ばくと》や口入屋（人材派遣屋）の用心棒《ようじんぼう》になるものもいた。いよいよ食べていけなくなると、農民に雇われたり、両刀を捨てて小作百姓の身分まで落ちた。尺八など音曲が得意で、乞食同様に往来で曲を演奏して銭を乞う者もいたが、これは弾左衛門《だんざえもん》の支配下に組み入れられて、乞食の身分として取り扱われた。このように主君や主人から離れて、禄を失った武士ほど惨めなものはなかった。武士の意地は捨てられず、庶民を見下す身分であっただけに、その落差は辛いものがあった。

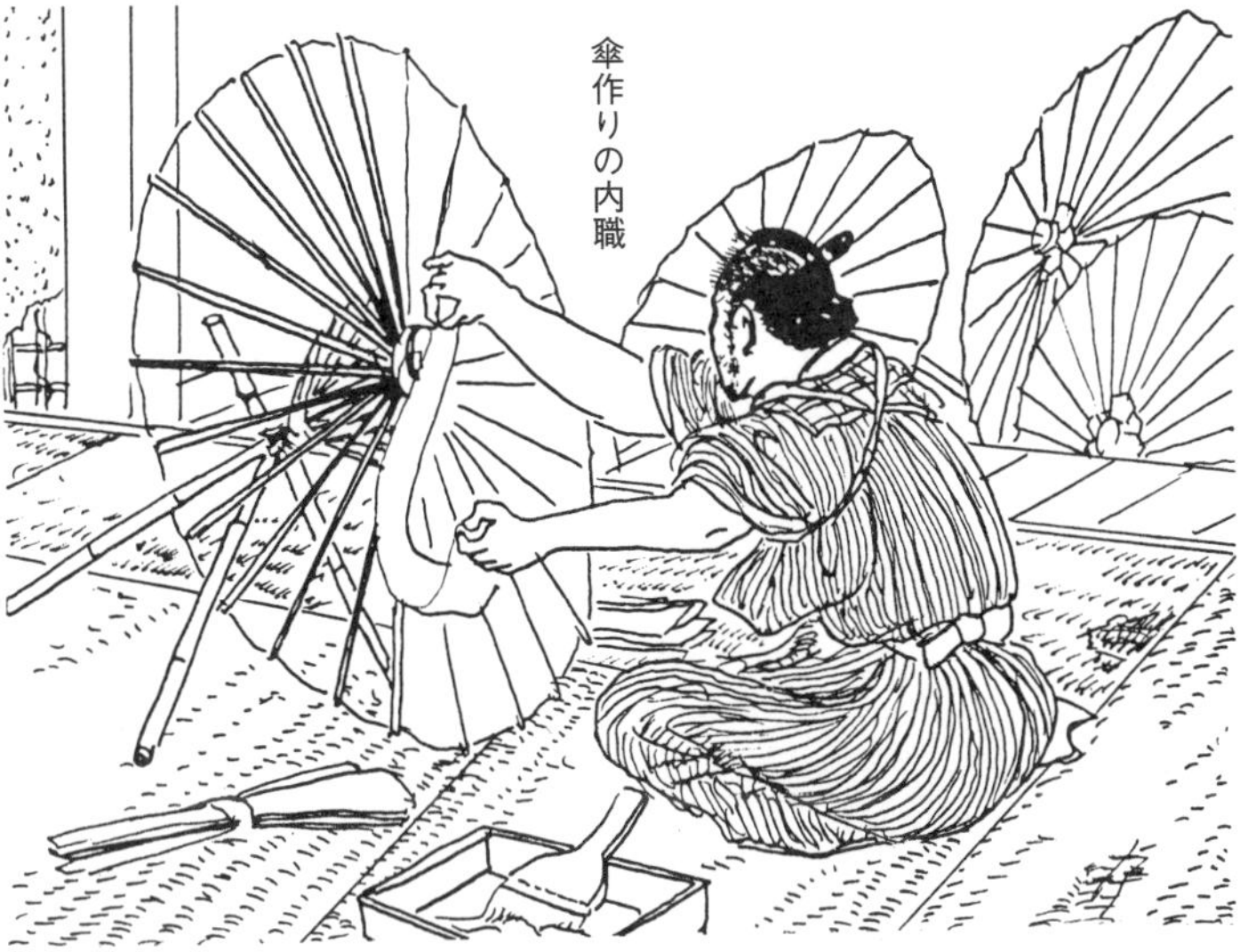

傘作りの内職

江戸の青山百人町の青山傘は有名であった

研師《とぎし》の手伝い

髪結《かみゆい》の手伝い

浪士でも学者や武術家など一芸に秀でた者は十分生活できたが、何も得意のない者は商人の売る商品を作る内職や刀研ぎ、髪結いの手伝いなどをして細々を生計を立て、妻も衣服の裁縫や簪《かんざし》の花作りなどの職人の下請け仕事をした

武士は家族旅行を楽しんだか？

江戸時代には、主君の参勤交代《さんきんこうたい》に同行したり、主命による公用の旅（御用道中《ごようどうちゅう》）以外に、武士が私的な旅をするということはあまりなかった。

普段着の羽織袴《はおりばかま》や着流し姿で、勝手気ままにぶらりと旅をするということはまったく許されず、ましてや行楽地に家族旅行を楽しむということもなかった。あっても、親戚の祝い事や不幸などのときに出かける程度である。それもまず自分が所属する支配頭《しはいがしら》に、用件と供の人数、滞在日数と往復の所要日数を計算した届けをだして許可をとり、道中奉行に許可の切手をもらい、さらに関所を通過する行程の場合は、関所手形を発行してもらわねばならなかった。御用道中には旅費が支給されたが、私用の場合はもちろん自弁であった。

映画やテレビなどの時代劇では羽織に野袴《のばかま》、菅笠《すげがさ》か陣笠《じんがさ》に両刀という颯爽《さっそう》とした出立ちで旅を行く場面があるが、実際は、小袖の胴衣の上にぶっ裂羽織《さきばおり》とよばれる野羽織や背割羽織を着て、下は股引《ももひき》と裁着袴《たっつけばかま》、足には脚絆《きゃはん》に紺足袋《こんたび》、武者草鞋《むしゃわらじ》をはき、両手には手甲《てっこう》（布・革製で手の甲を覆うもの）をつけ、ときには足の甲を保護する甲懸《こうがけ》をつけた。腰の両刀には柄袋《つかぶくろ》を掛け、ときには打飼《うちがい》（雑品を入れる帯状の布袋）や網袋を肩からななめに結び付けた。さらに予備の草鞋を腰にぶらさげるといういかにも旅姿という格好であった。さらに用心深い者は、脇差《わきざし》の鞘《さや》や鍔《つば》に一分金《いちぶきん》などの金銭をしのばせて、緊急時の路用に備えた。

百五十石級の武士になると、若党《わかとう》、槍持《やりも》ち、中間《ちゅうげん》を従え、これらの供《とも》に荷を持たせた。東海道の大井川を無事に越えたときは、これらの使用人に「水祝《みずいわ》い」といって三百文から六百文の祝儀《しゅうぎ》をだした。

〈武士の旅の衣服〉

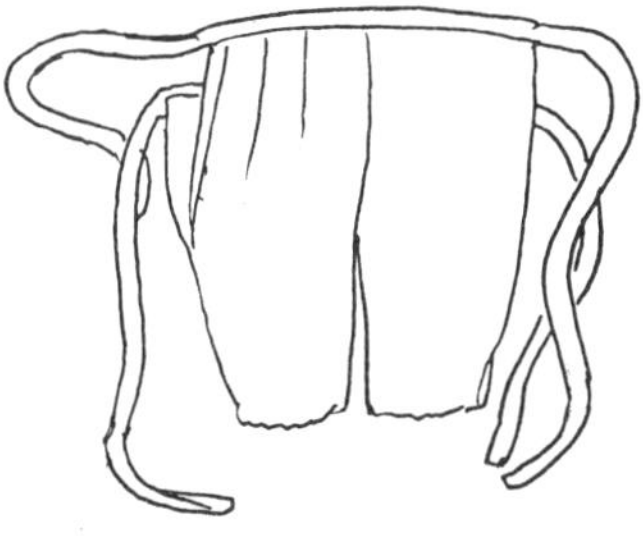

裁着袴《たつつけばかま》飛込《とびこみ》袴ともいう。旅行用の短い袴

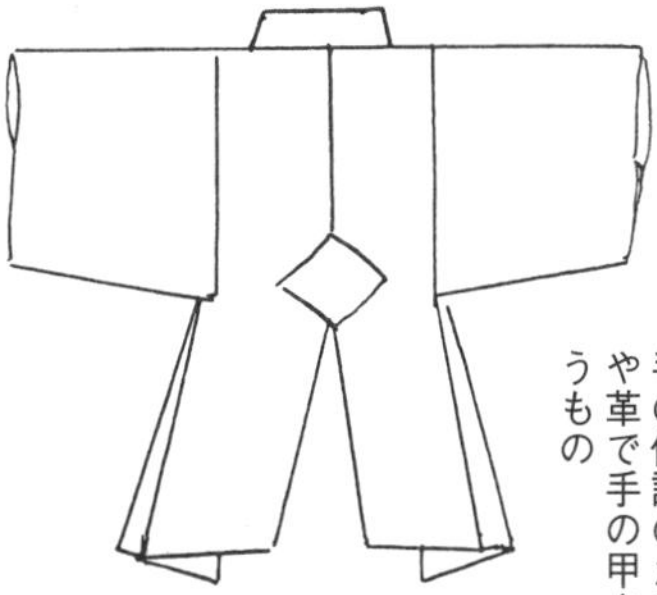

野羽織《のばおり》は背割《せわり》羽織ともいって木綿製のものが多く、刀の柄が衣服にかからないように背が割れている

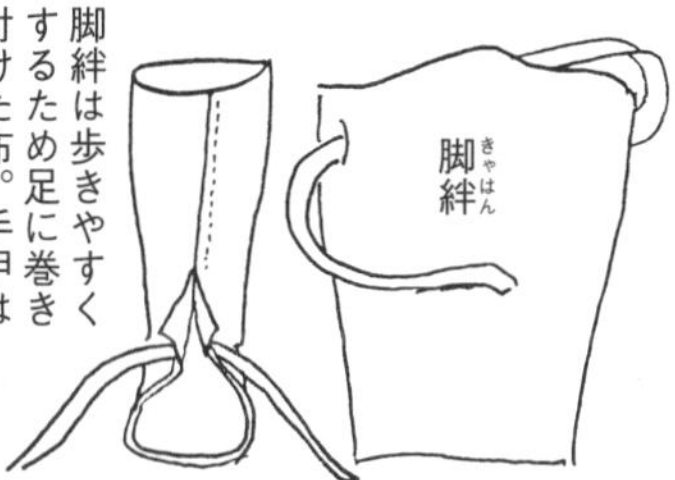

脚絆は歩きやすくするため足に巻き付けた布。手甲は手の保護のため布や革で手の甲を覆うもの

〈武士の旅姿〉

御用道中では、一般に、一泊96文、昼食48文、駕籠一里32文、川越えの蓮台は八人かつぎで96文であった。しかし供の者の費用は主人持ちであった

水戸《みと》黄門《こうもん》と鳥追女《とりおいおんな》姿のヒロイン「お銀《ぎん》」の取り合わせの不思議？

映画やテレビの時代劇でおなじみの水戸黄門漫遊記では、黄門こと水戸光圀《みつくに》に、そのお供の助《すけ》さん（佐々木助三郎）、格《かく》さん（渥美格之進）と元隠密《おんみつ》とされる義賊《ぎぞく》の風車の弥七《やしち》、そして女芸人の鳥追女《とりおいおんな》に姿を変えた忍びのお銀、という一行が人気を集めている。この漫遊記は、水戸家二代藩主の水戸光圀が『大日本史』の編纂のため諸国に史書の探訪をさせたことと、光圀が領内をよく視察したことを題材として、講釈師が諸国を巡って悪人を懲らしめる筋書きとしたもので、シナリオでは風車（矢車とも）の弥七とお銀の二人が、その都度悪事を探ってくるが、この中でも、紅一点の鳥追女に扮するお銀が効果的な役割を果たしている。

しかし、江戸時代の身分制度に照らして見ると、鳥追女は街道筋を勝手には流して歩けなかった。鳥追女は、普段は質素な衣服で菅笠《すげがさ》をかぶり、新年（正月一日から十五日まで）のみ衣服を新しくし、菅笠から編笠《あみがさ》にかえて三味線を弾き、清元《きよもと》や富本《とみもと》、常磐津《ときわず》、長唄《ながうた》、新内《しんない》などをうたいながら門付《かどづ》けした女《おんな》太夫《だゆう》と称する女芸人である。この鳥追女が出現したのは江戸中期頃からで、しかも弾左衛門《だんざえもん》配下の車《くるま》善七《ぜんしち》支配の山本仁太夫の許可鑑札を貰った五十人がはじめて江戸府内を流すことができた。もちろん、関所を越したりすることはできなかった。

水戸黄門に登場するお銀は粋な着流し姿で編笠をかぶり、片手に三味線を抱えるという、本来の鳥追女には見られない派手な恰好である。架空の時代劇といえばそれまでだが、江戸時代にはこのようなことはありなかった。さらにいえば、水戸黄門の時代には、鳥追女はまだ登場していなかったのである。

〈鳥追い許可の鑑札〉

一月元旦から十五日までは編笠《あみがさ》姿

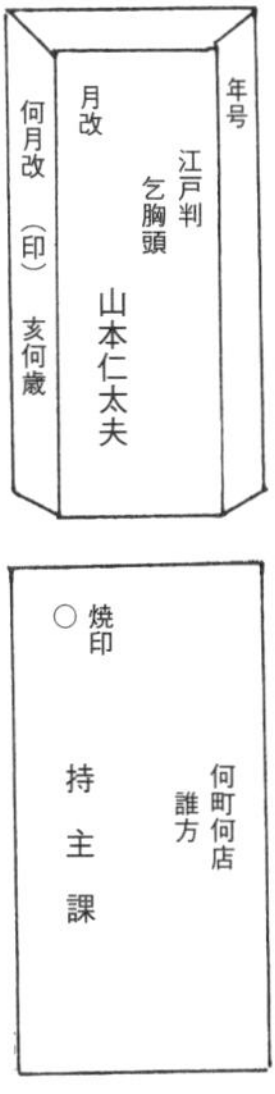

一月十六日から大晦日までは菅笠《すげがさ》姿

普段は菅笠姿で市中を流す

編笠姿でうたいながら市中を門付けする鳥追女。日本橋の伊勢屋や神田の沢の井太物店では、絹織物に見える服地を鳥追女に売った

佐々木小次郎の陣羽織《じんばおり》の間違い

評判となったテレビ時代劇の宮本武蔵の予告編で、なかでも一番の見どころの巌流《がんりゅうじま》島の決闘のシーンを見る機会があった。その中で佐々木小次郎が猩猩《しょうじょう》緋羅紗《ひらしゃ》の陣羽織を着ている場面がちょっと映されたので、不審に思った。

陣羽織というのは戦時に陣中でくつろぐときに小具足《こぐそく》の上に着たもので、広口の袖が付いているのが一般的なものであるが、敵襲などで戦うときに袖が邪魔になるので、袖を除いた陣羽織が流行し、とくにこれを「袖無《そでなし》陣羽織」といった。布地も当時南蛮から輸入された羅紗《らしゃ》や、好みによって綾織物、絹物も多く用いられた。戦場では、敵や味方の双方の注目を集めるために、絵や文字、合印《あいじるし》（敵と見分けるため味方の旗や笠、甲冑《かっちゅう》などにつけた印）を背中にあしらって、自己顕示を強調した。しかし泰平の時代になると普通の羽織が着用され、陣羽織はすたれて、幕末になって洋式訓練のときにわずかに用いられる形で復活した。

話を戻すと、佐々木小次郎の生きた時代に武士が陣羽織を着ることもあったので、それについては不審ではないが、佐々木小次郎の着ている陣羽織の型式は、江戸初期にはまったく見られない幕末の陣羽織だったのである。両肩の近く、陣羽織の上方に千鳥掛縫《ちどりかけぬ》いした飾りがついていて、これは欧米の軍人のエポレット（肩章《けんしょう》）をまねしたものである。佐々木小次郎の時代の陣羽織に、このエポレット状のものは当然無かった。おそらく衣裳担当のスタッフが時代考証にもとづいて幕末の陣羽織を参考にしたものであろう。陣羽織の時代考証は、このエポレット状の有無によって、時代型式の判別がつくのである。

袖無陣羽織

袖《そで》付《つき》陣《じん》羽《ば》織《おり》

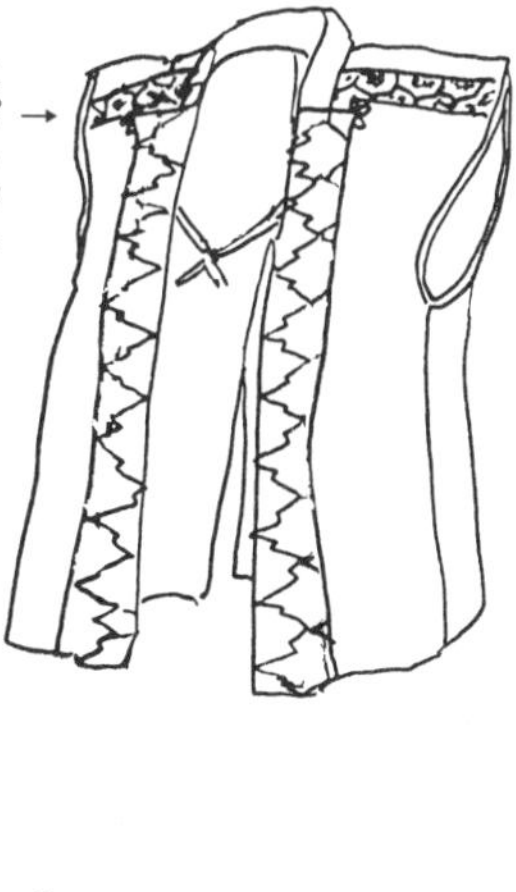

幕末のエポレット（肩章）のついた袖無陣羽織

定式の袖無陣羽織

庶民の巻

〔5〕庶民の暮らし
〔6〕庶民の遊びと旅
〔7〕江戸のアウトロー

これが江戸っ子の条件。あなたの江戸っ子度は？

徳川家康が幕府をおくことにより、江戸には全国の大名が屋敷を構え、家康の旧国の三河以来の商人や庶民も移住し、諸国からも職人をはじめとする庶民の多くが移ってきて、地方と異なる複合的な文化・風俗が形成され、その中で独特な「江戸っ子気質」が育まれた。

幕府の旗本や御家人《ごけにん》も同様であるが、もっとも江戸っ子らしいのは庶民であった。江戸っ子と自称するにはいくつかの条件があった。まず、(一)江戸に三代住んでいること。三代住めば江戸っ子の資格が生まれ、他国者を腹の中で区別した。(二)江戸の水(上水道)で産湯《うぶゆ》を使ったこと。(三)正義感が強く、義理人情に厚いこと。(四)粋《いき》であること。江戸っ子は表《おもて》地《じ》は木綿《もめん》物の着物でも、裏地は粋な絹地を用いた。そのため裏地を汚れの目立たない浅葱《あさぎ》木綿に仕立てた地方武士を不粋《ぶすい》として軽蔑し「浅葱裏《あさぎうら》」と渾名《あだな》した。(五)「宵越しの金は持たぬ」(金遣いが荒いが、物事にくよくよしない)こと。(六)朝湯が好きで、気っ風が良く、喧嘩早いこと。その代表的な諺《ことわざ》が「火事と喧嘩《けんか》は江戸の華《はな》」で火消し役がその筆頭である。火事の消口争いから自然に喧嘩早くなり、いつ火事で命を落とすかもわからないので、「宵越しの金は持たぬ」の代表でもあった。(七)つねに勇《いさ》み肌《はだ》で語調の荒い「べらんめえ口調」であること。このべらんめえ調は、江戸っ子が反発するときに「てやんでえ(何を言って居やがるのだ)べら棒め(江戸時代の見世物の便乱坊《べらぼう》とも、竹を削った棒で役に立たないの意から穀潰《ごくつぶ》しの意の悪口とも)」という歯切れ良く啖呵《たんか》を切った口調をさらに略して「べらんめえ」と相手を罵《ののし》ったことによる。さて、あなたの江戸っ子度はいかほどであろうか。

〈江戸っ子と称するいくつかの条件〉

粋好みであること。外見は木綿仕立てでも、見えない裏地に絹を用いた

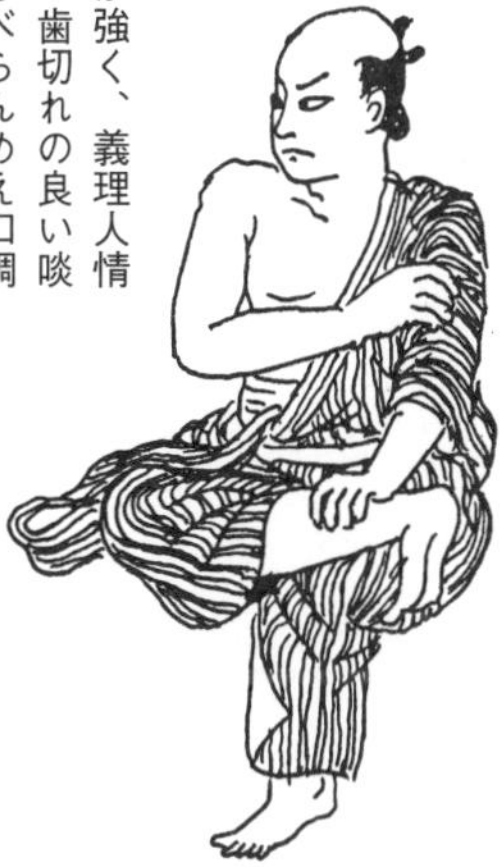

正義感が強く、義理人情に厚く、歯切れの良い啖呵を切るべらんめえ口調であること

朝湯が好きで気っ風が良く、喧嘩早いこと

江戸の上水道の水を沸かした湯で産湯を使ったこと

江戸を代表する三男《さんおとこ》とは？

前項で述べたように江戸っ子は、口調が歯切れ良く、さっぱりとしているのを良しとし、野暮《やぼ》ったいことや小うるさい態度を嫌った。「江戸っ子は五月《さつき》の鯉の吹流《ふきなが》し、口先ばかりで腑《はらわた》は無し」という諺《ことわざ》があるように、思ったことはポンポンと啖呵《たんか》を切るが、物事にはこだわりがなく、すべてに粋《いき》でテキパキとするのが特徴であった。

そうした江戸っ子の代表を庶民は「江戸の三男《さんおとこ》」として選んだ。それが「与力《よりき》、相撲《すもう》に火消しの頭《かしら》」の言葉である。町奉行所の与力や同心《どうしん》は犯人や容疑者を捕えると、べらんめえ口調でテキパキと要所を押さえて取り調べるので、たいていの犯罪人は恐れ入ってすぐに白状するので処理が早かったという。与力は裃姿《かみしもすがた》でありながら、粋に着こなしたので、袴をつけず、巻《ま》き羽織《ばお》りに着流し姿の粋な同心と共に武士の江戸っ子気質の代表であった。

相撲興行も勝負が明瞭な点で江戸っ子に好まれ、地方からでてきた相撲取りも親方の部屋に入ると、勝負に対して、荒々しさと共に潔《いさぎよ》い気質を教え込まれた。そして衣装を粋に着こなし、見世物芸人として江戸っ子気質の典型となった。火消しの頭は組の印《しるし》半纏《ばんてん》に紺股引《こんももひき》と突っかけ草履《ぞうり》の気の荒い火消しの鳶《とび》の者たちをたばね、ひとたびジャンと半鐘《はんしょう》が鳴れば命を賭《と》して火事場に駆けつける仕事であるから、町内の人々から愛され、大店《おおだな》の旦那衆《だんなしゅう》にも好意の目で見られた。とくに火消しの頭は、熏韋《ふすべがわ》の半纏《はんてん》に、縞の着物を尻端折《しりっぱしょり》して、紺股引きに雪駄《せったば》履き姿のリュウとした粋な姿で、庶民を代表する江戸っ子の筆頭ともいえる存在であった。

〈江戸の三男〉

〈江戸奉行所の与力・同心〉
与力は裃《かみしも》、同心は巻《まき》羽織《ばおり》に着流しを粋に着こなした

歯切れ良いべらんめえ口調で容疑者を取り調べる町奉行所与力

〈火消しの頭《かしら》と火消し鳶〉
猛火も辞さない気っ風の火消し鳶をたばねる火消しの頭

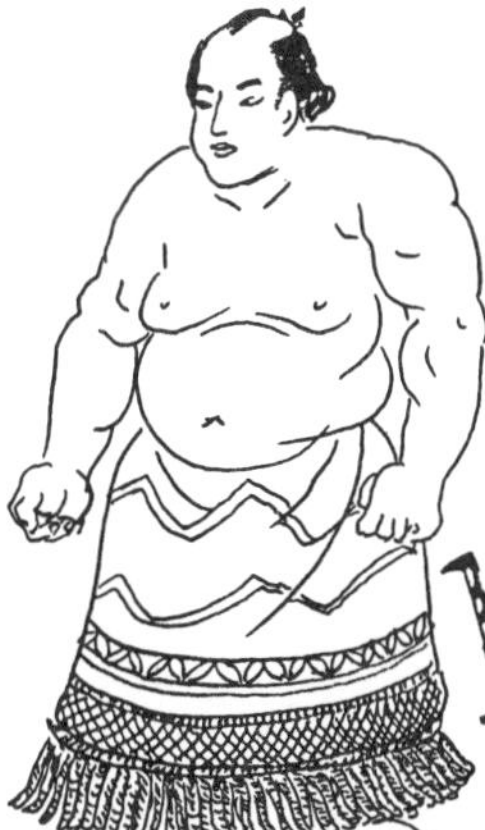

〈相撲取り〉
豪快で潔《いさぎよ》い気質を教え込まれた相撲取りは江戸に人気者であった

江戸の治安はなぜ良かったか——自身番《じしんばん》・木戸番《きどばん》と辻番《つじばん》の役割

江戸の町の数を称して、江戸八百八町という言葉があるが、これは江戸っ子の八の字好きの呼称で、実際の町数は、慶長年間は約三百町、明暦年間は約五百町、天保年間には千六百七十九町におよんだという。この江戸の直接の治安には南・北の二つの江戸町奉行所があたっていたが、各市街地では、町がそれぞれ町と町の境の往来に自身番小屋を建てて木戸を設け、家主《いえぬし》が交代で詰め、町政と治安維持にあたった。隣町との境には自身番の隣に木戸を設け、朝は六ツ（午前六時）、夜は四ツ（午後十時）に木戸を閉めた。そして木戸をはさんで自身番の横には木戸番小屋が設けられ、昼は通行人を監視し、夜中は拍子木を打って町内の警備にあたった。この仕組みのため江戸の町の治安は今日よりよほど良かったらしい。

木戸が閉められることによって、町はとざされた地域となり、犯罪が起きても、犯罪者は逃亡することは困難であった。町内で軽犯罪人がでると捕らえて自身番の板の間につなぎ、町奉行所の定町回《じょうまちまわ》り同心《どうしん》が連行して大番屋《おおばんや》で取り調べた。大名屋敷や武家町の辻角には大名屋敷の辻番が置かれ、大名屋敷の軽輩などが詰めて、通行人を監視した。これらは今日でいう交番のような役割を果たした。

自身番には家主が交代で詰め、人別帳《にんべつちょう》の整備、町内入用の費用の町民への割り振り、町奉行所からの公布などを書記を使って処理した。自身番の駒つなぎ柵の前には、突棒《つくぼう》・さす又《また》・袖搦《そでがら》みの三道具《みつどうぐ》が立て掛けてあり、板壁には、町内の火消し道具の纏《まとい》・鳶口《とびぐち》・梯子《はしご》・提灯《ちょうちん》が置かれ、梯子で屋根に上がると、梯子の上には半鐘《はんしょう》が吊るされてあり、火事のときには、この半鐘を鳴らして町民に知らせた。

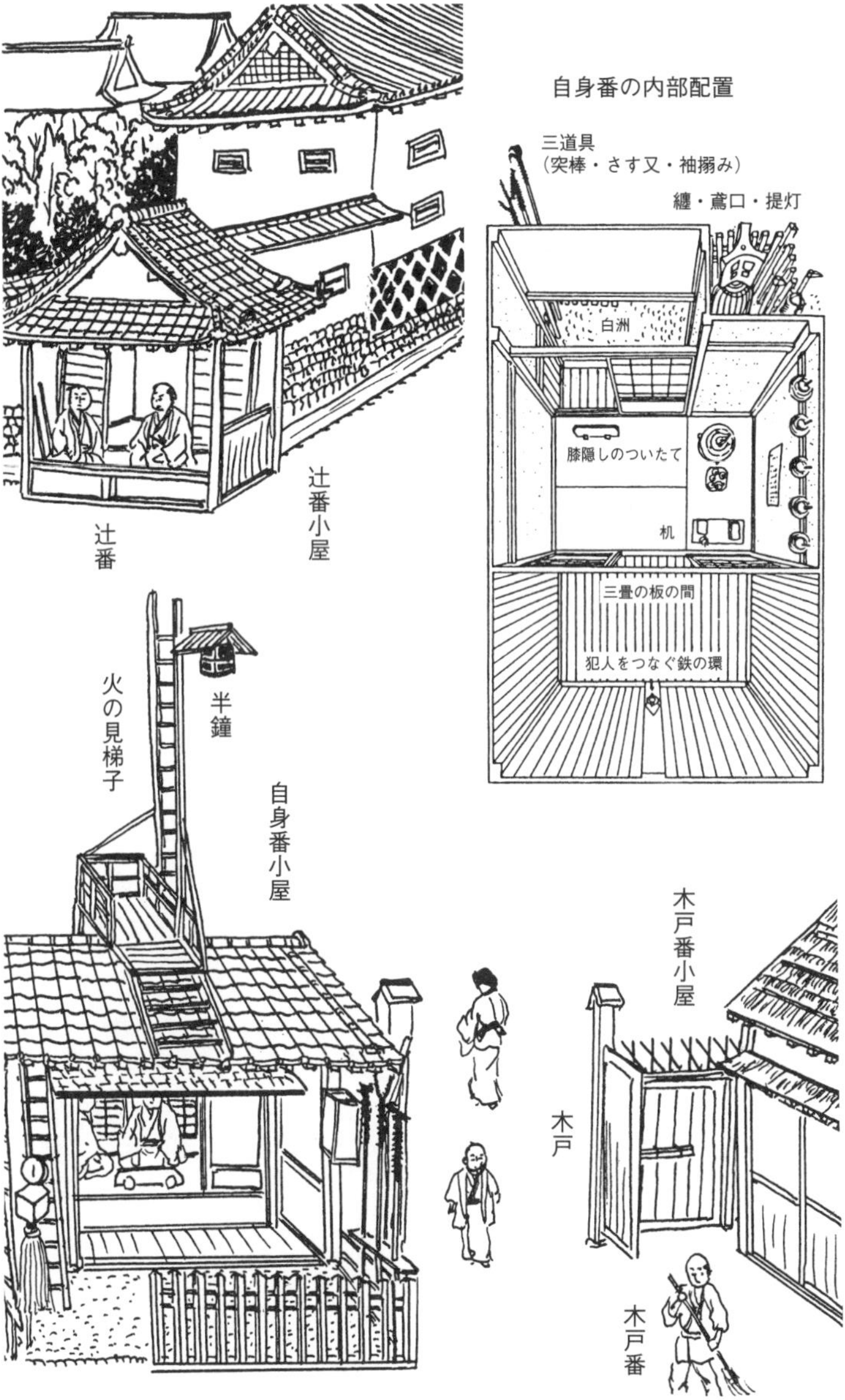
辻番
辻番小屋
自身番の内部配置
三道具
（突棒・さす又・袖搦み）
纏・鳶口・提灯
白洲
膝隠しのついたて
机
三畳の板の間
犯人をつなぐ鉄の環
火の見梯子
半鐘
自身番小屋
木戸番小屋
木戸
木戸番

家主《いえぬし》と家主《やぬし》の違いがわかりますか？

江戸の庶民の中には、庶民を治める町役人がいて、その最高位は町年寄で大地主が任命された。樽屋藤右衛門、奈良屋右衛門、喜多村彦右衛門などを代々名乗り、苗字帯刀と熨斗目《のしめ》の着用が許された。その下に名主と地主がいて、地主の下に属しているのが家主《いえぬし》である。家持家主《いえもちいえぬし》（土地を持って貸家を所有している者）で、俗に居付家主《いつきいえぬし》といった。そして、大地主や大商人で貸家を多く持っている者が、代わりの者を雇って家主《いえぬし》の役を務めさせることがあり、この役を俗に家主《やぬし》または大家《おおや》といった。

落語などで「大家といえば親も同然、店子《たなこ》といえば子も同然」という大家は、貸家の管理や店子から家賃を取り立てて家主《いえぬし》に納める雇われ大家であった。

このように漢字は同じでも家主《いえぬし》と家主《やぬし》は異なり、「やぬし」「おおや」は家主《いえぬし》の差配人である。家主《やぬし》店子の監督と責任を持ったので、店子が犯罪を犯したときなど、町奉行所から呼ばれると羽織《はおり》袴《はかま》で付添をしなければならなかった。本来は家主《いえぬし》が付き添うべきところを家主《やぬし》が代行したので、大家である家主《やぬし》は店子から付添料をとった。ようするに家主《いえぬし》はそうした煩わしさを避けるために「大家」（家主《やぬし》）を雇って差配させたのである。また、家主《やぬし》はなにかにつけ店子の生活にかかわり、店子の嫁のやり取りや養子縁組なども家主《やぬし》の承諾が必要であり、家主《やぬし》はその仲介や取りまとめにかかわった。江戸時代では家を借りるには「家主《いえぬし》」の承諾ではなく「家主《やぬし》」の承諾が必要であった。このように「家主《いえぬし》」と「家主《やぬし》」は実に混同しやすいので、家の所有者を「いえぬし」といい、家の管理・差配人である「やぬし」を大家と呼ぶようになった。

〈家主《やぬし》〉
家主《やぬし》は家主《いえぬし》が雇った家主《いえぬし》所有の貸家の管理人であり、長屋の店子は大家と呼んだ

〈家主《いえぬし》〉
家主《いえぬし》は貸家の所有者であり、家主《やぬし》を雇って貸家の管理をさせた

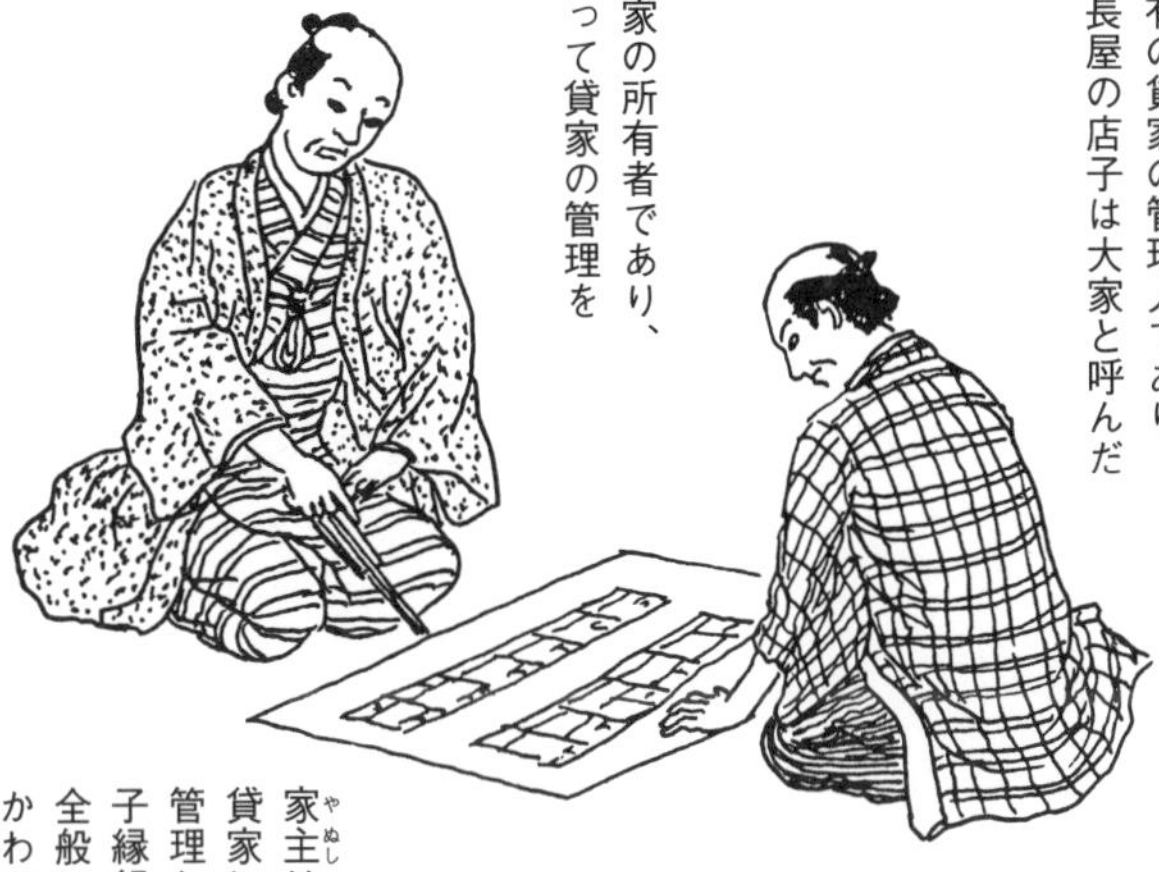

家主《やぬし》は大家として、貸家に住む店子を管理し、縁談や養子縁組みなど生活全般にわたってかかわった

大家である家主《やぬし》に挨拶をする店子

家主《いえぬし》は店子に犯罪者がでたときに、奉行所から呼び出されたりする煩わしさを避けるためにも家主《やぬし》を雇って貸家の管理をさせた

大家《おおや》の意外な役得《やくとく》とは？

前項で述べたように、家主《いえぬし》に雇われて貸家の差配を命じられた役が大家（家主《やぬし》）であり、大家は家主《いえぬし》から給料を貰って地代や家賃の徴収、店子《たなこ》（借家人）の監督をした。そして店子の養子縁組から婚礼の世話までもやき、店子に犯罪の容疑者がでて町奉行所に連行されたときは、羽織袴《はおりはかま》姿で付き添った。そのときは付き添った日の日当を容疑者から受取る権利を持っていた。このように大家は貸家と店子に対して、責任を持つと同時にいろいろな役得もあった。ただし江戸時代はおおらかなこともあり、落語の長屋話のように、生活の苦しい店子が家賃を二十年くらいためても見逃していた情け深い大家もいたようである。

大家が地主や家主《いえぬし》からもらう給料は、年に二十両くらいであり、さらに公私にわたって面倒を見た店子からの謝礼もあり、その生活は比較的豊かであった。とくに大家の目立つ役得は、貸家や裏長屋の共同便所の汲取《くみと》り糞尿《ふんにょうだい》代であった。江戸時代には、農民にとって人の糞尿は農作物の最大の肥料であった。そのため農民は江戸府内に糞尿を求めて買い取ったり、野菜などと物々交換をした。そのため一般の民家や町家では、糞尿を汲み取ってもらいながら、畑の作物を無料で手に入れることができた。

なかでも一番多く糞尿のでるところは裏長屋の共同便所であり、農民にとっては効率的で多量の糞尿肥料を獲得できる場所であった。農民は裏長屋を管理する大家に糞尿汲取りの許可を求め、大家は汲取り料を払うことなく、逆に農民から汲み取り料を徴収し、余得とした。二、三か所の裏長屋の大家を兼務する者は、糞尿代だけでも多額の収入となり、しかも畑からとれた野菜なども無料で手に入れることができた。

犯罪の容疑者の店子《たなこ》が町奉行所に連行されるときは、大家は羽織《はおり》袴《はかま》姿で付き添い、その日の日当を容疑者に請求することができた

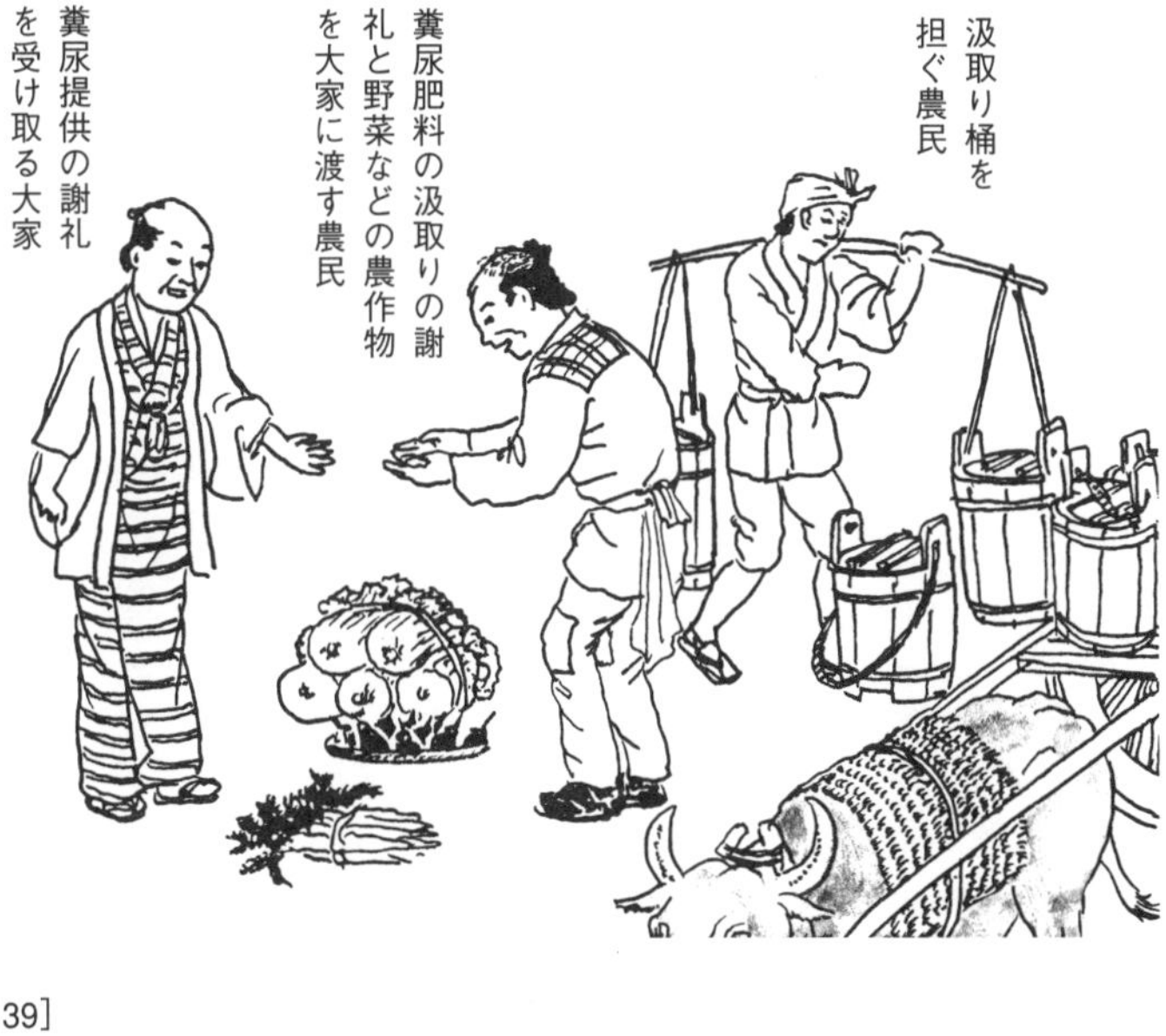

掛蒲団《かけぶとん》も押入《おしい》れもない長屋《ながや》暮《ぐ》らし

江戸の貧しい庶民は、九尺二間（間口九尺〈約三メートル〉奥行きが二間から二間半〈約四〜五メートル〉）ほどの狭い棟割《むねわり》長屋に住んだ。棟割長屋とは、表通りの商店の長屋の背後にある裏長屋で、左図のように家の中央の棟《むね》から下を壁一枚で二分して、前後で二軒分としたものである。片側に五軒あるとすると、その裏側にも五軒、合計十軒の長屋である。一軒ごとに約一メートル四方の土間の上がり口と一×二メートルほどの広さの台所があり、そこに煮炊き用の小さな竈《かまど》があった。

この裏長屋の住人はほとんどが低所得者で、家賃も日銭で納めた。部屋は四畳半ほどで蒲団を敷いたら足の踏み場もないような狭さであった。寝るときは掻巻《かいまき》（綿入れの夜着《やぎ》）などではなく、敷蒲団の端に寝て蒲団余りを丸めるように体に巻いた。俗にいう煎餅《せんべい》蒲団である。朝起きると、この蒲団は押入れがないから座敷部屋の端に丸めて置くか、小さくたたんで風呂敷に詰め、紐で結んでむき出しの天井の梁《はり》にかけて吊るした。映画やテレビの時代劇では、このような場面はほとんど見かけないが、貧しい庶民たちは工夫をして部屋を立体的に使用していたのである。竈のない家では、素焼きの七輪《しちりん》を用い土鍋で米を炊いた。貧しいので米も七輪の燃料も、行商の炭売りから一升、二升と小分けで買った。米とぎや洗濯は長屋に一か所ある共同の井戸端で行い、路地に物干し用の柱をたてて干した。便所も外の共同便所を利用した。

このように江戸時代の裏長屋は今日からすると劣悪な居住環境であったが、長屋の住人は互いに親しく人情味があり、年に一回は大家と井戸屋の指揮のもとで力を合わせて井戸浚《さら》いをした。

裏長屋に住む庶民は井戸や便所を共有し、貧しいながらもお互いに親しく生活した

裏長屋には押入れがないので蒲団や雑品を風呂敷に包んで天井から吊るした

江戸の長屋《ながや》のトイレ事情

　今日では、公園や繁華街の要所、公共施設には共同便所があり、不自由はないが、江戸時代の共同便所は裏長屋の路地に住人用として設けられた。長屋の住人は、厳寒の冬でも長屋の隅にある共同便所に行かなければならなかった。当時の便所は広さが三尺（約一メートル）四方で、下に大桶を埋め、上に足を踏む板が二列並んだ粗末なものであった。木製の扉は幅が三尺、高さ四尺ほどで、外から用便をしている人の上半身が見えるくらいであった。現在の女性などは恥ずかしくてとても利用できない設備であった。そして糞尿は化学肥料のない江戸時代では、最も貴重な肥料であったので、農民が野菜などと交換に、ときには糞尿代を大家に払って汲み取りにきた。そのため糞尿は農民が汲み取りにくるまで溜められたため、夏の時期には蛆《うじ》が涌《わ》いて蝿となったので、たいへん不衛生であった。

　男たちが小便をするときは、共同便所の端に箱状の小便受けが取り付けられていて、立ち小便ができるようになっていた。そのため長屋以外の者がここに小便をすることもあり、意地の悪い長屋の者が咎めることもあった。「武士の巻」でも記したが、武士が登城や勤務の途中で便意をもよおしたときは非常に困り、懇意の商家の便所を借りたが、そうした心当たりのないときは止むを得ず裏長屋の共同便所を借りた。きれいな話ではないが、裃《かみしも》姿なので排尿は着物をさばいてできたが、排便は袴を脱がなければならずたいへんであった。そのため武士は心得として、外出や登城の際にはかならず用便を済まして行った。

➡「武士が勤務先の行き帰りで便意をもよおしたとき！」（66ページ）参照

木扉の上から用便している姿が見える江戸の長屋の屋外の共同便所

武士が登城途中で便意をもよおしたときは懇意の商家の便所を借りた

江戸下町の井戸水は地下水ではなかった!

太田道灌《どうかん》の築いた江戸城は徳川家康が入府してから拡張され、江戸の城下町も東京湾の入江を埋め立てて拡張され日本一の市街地となった。しかし下町では井戸を掘ると水は塩分を含んでいて良い飲料水にはならなかった。そこで幕府は江戸城およびその付近の市街地に塩分のない水を供給する巨大土木プロジェクトを構想し、四代将軍家綱のときに上水を引いて利用するため、町奉行の神尾備前守が、江戸の地主の玉川庄右衛門、清右衛門兄弟に玉川上水の水を江戸に引く大工事を命じた。

大工事は承応二年(一六五三年)四月に着工され十一月には羽村から四谷大木戸までの開渠《かいきょ》約四十キロが完成し、四谷大木戸から江戸城虎ノ門前までの暗渠《あんきょ》が翌年六月に完成した。上水道は羽村から拝島(拝島市)をへて砂川(立川市)を通り、野火止用水を分水して、さらに武蔵境(武蔵野市)、下高井戸(杉並区)をへて四谷大木戸(新宿区)に至った。四谷大木戸にきた上水道は、石樋《いしどい》や木管を埋めたり、堀の上を木管橋を造って渡したりして江戸城に引き入れられた。そして京橋以南の町には、地下に通した上水道から井戸桶に水を流し、庶民も利用できるようにした。江戸っ子が「江戸の水で産湯《うぶゆ》を使った身体《からだ》だい」と誇るのは、この上水道のことである。この地以外の江戸下町の多くの庶民は、塩辛い井戸水を飲料水としていたのである。

このほかに、塩分の流入しないように地中深く桶をつないで最下層に底のある桶を埋め、湧水した清水を溜める自前の井戸があった。これを掘貫《ほりぬ》き井戸といい、大名や大商人が大変な費用をかけてつくり、自慢の種とした。このように江戸の町では真水は実に貴重なものであり、江戸っ子の自慢であった。

お茶の水に架けられた上水道用の木管橋（掛樋《かけひ》）

上水道から水を引き入れられない庶民の井戸水は塩分を含んでいた

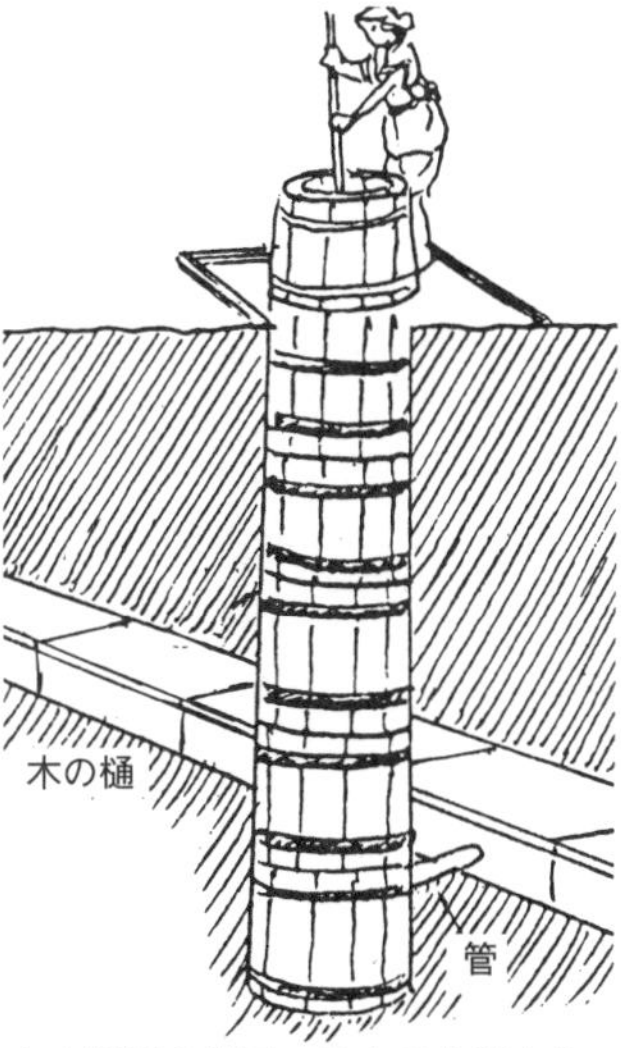

上水道用の井戸。地中の木樋から管を通して上水を引き入れる

リサイクルは江戸の知恵《ちえ》

江戸時代の日本人は物を最後まで大事に利用していた。とくに衣類や道具類は廃品になるまで徹底的に利用し、廃品すらも安値で売り払った。それは今日のように捨てるほどに物が氾濫しているわけではなく、物が貴重であったためである。そのため物をリサイクルする職業も多くあった。

リサイクル業者はさまざまあり、まず江戸の町でよく見かけるのは紙屑拾《かみくずひろ》いである。蛇の目編みの大籠を背負って「屑（くず）ーい、屑屋《くずや》お払《はら》い」といいながら町を流した。屑拾いは商店の古帳簿や書き損じの紙屑、鼻をかんだ鼻紙などを天秤棒《てんびんぼう》で重さをはかりただ同然の値で買い取り、仕切場に売った。これらの紙屑は大鍋で溶かしてから漉《す》いて浅草紙という再生紙になり、トイレットペーパーとして商品となった。トイレで使用されたこの浅草紙は、糞尿に混じり、農民によって汲み出されて肥料になるのである。

古傘《ふるがさ》・古団扇《ふるうちわ》買いは、「唐傘《からかさ》や団扇の骨の折れたものは御座いませんか」と天秤棒を担いで町を流し、これを問屋場が買い取り、再生したものを大黒屋《だいこくや》が売ったので大黒傘とよばれた。提灯《ちょうちん》屋は紙が破れたり骨の折れた提灯を買い、修理したり、問屋に売った。また鋳掛屋《いかけや》という行商は、「鋳掛屋で御座い」といいながら穴のあいた鍋や釜をその家の前で鞴《ふいご》などの道具を使って修理して歩いた。下駄《げた》直しもいた。

今日でも古着がリサイクルショップなどで売られることがあるが、江戸時代の古着屋はとくに繁盛していた。江戸では富沢町と橘町、村松町、日蔭町、浅草東中町・西中町などに古着屋が多くあり、衣紋掛けにつるし、晴天の日には通りにも筵《むしろ》を敷いて古着（「吊《つる》しんぼ」と呼ばれた）を並べて売った。

古傘・古団扇買い
（関西）

紙屑買い
（関西）

古傘・古団扇買い
（江戸）

紙屑買い
（江戸）

穴のあいた鍋などを
修理する鋳掛屋

提灯を修理
する提灯屋

古着屋（右）と
古着売り（左）

江戸の風呂屋《ふろや》は男女混浴？

『太平記』三十五には、風呂屋で合戦の評判話があったことが記されていて、中世から風呂屋はあったようである。左に復元図を掲載したが、それは今日のサウナのような蒸風呂であったと思われる。

江戸時代の風呂屋（湯屋《ゆや》ともいう）は、天正十九年（一五九一年）に、伊勢国の与一が銭瓶橋《ぜにかめばし》（現在の東京丸の内）に開業したの最初とされる。この湯屋には垢《あか》すり女と呼ばれる湯女《ゆな》がいて、客の世話をかねて売春をしたので、慶長元年に禁止され、公衆浴場のみが許可されるようになった。初期は男女混浴であったが風紀上問題があるとして寛政三年（一七九一年）に男女の浴場を分けたが、後に乱れたびたび禁止令がでた。

江戸時代の風呂屋の様式は、中央の入口から入ると左右にわかれて男女の風呂場があり、高座で左右から入る客の湯銭《ゆぜに》を受け取った。客は脱衣の板の間で鍵付きの衣棚に衣服を入れ、鍵を頭の髪にさして洗い場に入った。洗い場には上り湯《あがりゆ》という浴槽があり、手桶で上り湯を汲んで身体を洗った。洗い場には洗い賃をとって、背中などを洗う役の三助《さんすけ》もいた。浴槽は柘榴口《ざくろぐち》という蒸風呂当時の門構えの蒸気口の中にあり、階段を上がって入った。板で囲まれた浴槽は灯油皿に火が一つともっているだけで暗かった。庶民の家のほとんどは風呂がないので、湯屋はたいへん繁盛し、慶長年間（一五九六〜一六一五年）頃には、町ごとに風呂屋が一軒はあったという。湯銭は時代によって違うが江戸末期で一人八文から十二文くらいであった。

風呂屋の看板は、矢をつがえた弓を長い竿の先に吊るしたもので、これは弓射る（湯入る）のしゃれである。女湯には八丁堀の町奉行配下の与力《よりき》・同心《どうしん》が無料で朝風呂に入ることができた（➡8ページ参照）。

中世の風呂屋の復元図

⇦柘榴口《ざくろぐち》を上がって浴槽に入る

柘榴口を上がって入る男湯の浴槽

⇦女湯の洗い場

風呂屋《ふろや》の二階は江戸っ子の社交場

江戸時代の風呂屋の洗い場は、今日の風呂屋のように天井に高窓がなかったので、柘榴口《ざくろぐち》（浴槽に入る上り口）から洩れる湯気と、体を洗う湯客の湯気でもうもうとしていた。当時の風呂屋は二階建てになっていて、脱衣所の階段を上がると二階が休憩所になっていた。ここは当初は武士が入浴する際に脱衣や刀を預ける所であったが、やがて一般庶民が利用するようになった。広い畳敷《たたみじき》のスペースで、湯上りの体を休めたり、見知った人と世間話をしたりしてくつろぐ所で、湯茶や、煙草盆《たばこぼん》、火鉢《ひばち》などがあり、菓子なども売っていた。部屋の隅には将棋《しょうぎ》や碁盤《ごばん》などの遊び道具が置かれ、湯から上がって半日ほどもいる暇人《ひまじん》もいた。

こうした風呂屋は一町内に一か所ぐらいあり、町民は好んで出かけた。利用する湯客はたいてい顔見知りか友人なので、くつろぎにまかせて雑談に興じたり、江戸っ子らしい自慢話をしたり、将棋や碁の好きな者は内緒で賭けをしたりして遊んだ。昼寝をする場所にする者もいた。とくに江戸っ子は喋《しゃべ》ることが大好きで、人の知らない町内のニュースを知っていることが自慢の種だったので、下っ引き（江戸町奉行所に正式に雇われていない犯罪捜査の手伝いをする岡っ引きの手先）は、湯客として風呂屋の二階にたむろして聞き耳を立て情報の入手をした。前項で述べたように、町奉行所の与力《よりき》や同心《どうしん》は、女湯の朝風呂に入り、男湯で交わされる町内のニュースを聞き取り、下っ引きは二階座敷で男たちのうわさ話や自慢話に聞き耳を立てるわけであるから、町内の住民が入れ替わり集まる社交の場の風呂屋は、犯罪捜査をする者にとっては格好の情報入手の場所であったのである。

江戸の風呂屋の二階は、町内のうわさ話や自慢話が乱れ飛ぶ江戸っ子の喧伝の場所であり、日常の社交場であった。そのため犯罪捜査の情報を入手することができる格好の場所でもあった

江戸庶民の結婚事情――三下り半《みくだりはん》に泣かされた妻たち

江戸時代でも恋愛結婚はあったが、武士が家柄や家格にこだわり、主君や上司の許可なくしては結婚ができなかったように、大店《おおだな》の商人たちはこれにならって、結婚や養子縁組《ようしえんぐみ》には体面を重んじ、自分の社会的地位にふさわしい者同士でないと縁組みはしなかった。これにはもちろん商人としての事業の戦略もおおいに関係した。

結婚が成立しても、家主義と男尊女卑の時代であったので、跡取りの男児が生まれないなどの理由で妻に三下り半《みくだりはん》（「三行半」とも書き、離縁の理由を三行と半行に書いた離縁状）を渡して、妻を離縁することができた。もちろんこれには、二人を結びつけた仲人《なこうど》や結婚時に関係した親戚の了承が必要であった。しかしたいていは夫の意向が通った。このため夫婦が末睦《すえむつ》まじく過ごせるよう、仲介役の仲人の役割はたいへん重かった。一般に仲人は夫婦者が行い、結婚する二人の性格や双方の家の状況などを十分調査して結婚式の世話をした。仲人の段取りで、花嫁の親の方からは嫁入り道具の一切と持参金を贈り、花婿の方からは衣装代として多額の金品を贈り、吉日を選び、両家の親戚一同、友人などを招いて花婿の家で縁結びの式と披露宴を行った。

庶民でも裕福な家では武士に劣らない盛大な結婚式を行ったが、裏長屋に住む庶民は、大家《おおや》が結婚を承認し、仲人となってささやかな結婚式と披露宴を行った。なかには今日の同棲《どうせい》の形のように、男が女の家に、女が男の家にと、ずるずると住み込んで、いつの間にか夫婦となるものもいた。

裕福な家では仲人を立て、花婿の家で盛大に結婚式が行われた

裏長屋の住人は大家に入籍と仲人を頼むだけで結婚式もささやかに行われた

札《ふだ》付《つ》きは勘当《かんどう》の予備軍であった

江戸時代の刑律は連座制であったので、一家の誰が犯罪を犯しても、その罪は全員におよんだ。そのため子供が不埒者《ふらちもの》で犯罪を犯す恐れのある家では、親は親戚と相談して親子の縁を切って、子の犯罪の罪が及ばないように勘当《かんどう》したという書類を町役人に届け出た。「平生不身持にて度々意見差加え候も相用いずに付き勘当いたし候」という内容の届書を作成し、親類、五人組（隣近所五軒が責任を持ちあった）、町役人（町内の庶政を担当する大家）が連署し名主に差し出した。名主は江戸であれば江戸町奉行所に届けて決済を受けた。許可されれば一家の人別帳《にんべつちょう》から抹消（帳外《ちょうがい》）されて無宿者になる。これによって親子の縁は切れ、息子がいかなる悪業を犯しても、親や兄弟、親戚一同には罪がおよばなくなる。この抹消されて帳外となることを久離《きゅうり》を切るともいった。人別帳は江戸時代の戸籍簿で町役人によって、町民は一軒ごとに姓名・男女・年齢、親子関係などが記入された。また名主から差し出された勘当願いが町奉行所の本人別帳に記載され、その審議が行われる前に、名主が許可されたものとして帳外にしてしまうこともあった。

こうした勘当されそうな要注意人物に対しては、あらかじめ人別帳の当人の名前の記された部分に札を貼っておいて、犯罪を犯したら、すぐに札をはずして帳外にするための勘当の手続きがとれるようにしていた。このように勘当の予備軍としていつでも手続きをできるように札を貼っておいたので、これを「札付き」といった。今日でも「あいつは札付きの悪だ」などというが、これがその語源である。また勘当され帳外となった無宿者であるが、無宿者にはこのほかに、乞食などの住所不定の最下層の身分となった者がいた。

素行が悪く、犯罪を犯す恐れのある子は罪が親族に及ばないように勘当された

勘当されそうな要注意人物にはすぐに勘当の手続きがとれるように人別帳に札を貼った

子供の人別帳に札付けを依頼する両親

灰に手形《てがた》を押す火の用心

地震や水害など以外で江戸の最大の災害は火事であった。江戸の住宅は木材や紙など素材が燃えやすいため、発火すると次々と類焼して大火事になることが多かった。そのため放火の罪は重く、放火をした者は火あぶりの刑（火罪）となり、放火をそそのかした者は死罪となった。受刑者は、たいていは火をつける前に咽喉を締めて死亡させてから火あぶりの刑が行われた。受刑者を縛りつけた縄は火で焼き切れないように泥を塗り込められてから、茅《かや》の薪《たきぎ》を積み重ねて火をかけられ三日間さらされた。また不注意で失火をした家も厳しく処罰されたので、庶民は火の用心を心がけた。とくに冬の季節は、保温に火鉢《ひばち》や炬燵《こたつ》、行火《あんか》などが用いられたので、夜寝るときには、これらの炭火は火消壺におさめるか、灰をかけて火の気を消した。

商店では古参番頭などが、奥向きの台所では女中の責任者が火消し確認の責任をもった。一般庶民の家庭では女房が台所の消火を確認し、ていねいな家では亭主みずからも確認するほどであった。

火鉢などの炭火は火消壺に火種を収納しても、しばらくは灰が熱く、燃焼している粉炭の残っていることもあるため、火消しの責任者は火消壺に炭火を移したあとでも、就寝直前に、念のために炭火を熾《おこ》しておいたところに手をあてて、灰が冷えているか、まだ微小な火種が残ってないかどうかを確認した。いくつもの火鉢のある大商店では、こうして手形を押すことが、火消しの確認にもなった。用心深い商店では、最後に主人が手形を押してあるかを確認して回った。それでも江戸の町は「火事と喧嘩は江戸の華」というくらいに火事が多く、町火消しが命がけで消火にあたったのである。

放火は重罪であり、火あぶりの刑にされた（『徳川刑罰図譜』より）

台所の七輪の炭火は火消壺に入れ、七輪の上には水をいっぱいに入れた鍋かヤカンを載せる

火鉢の炭を除去してから火種の有無の確認のため手形を押す。ヤカンなどを載せる台の五徳があれば水をいっぱいに入れて載せる

火消口争奪《そうだつ》は鳶《とび》の男意気！

江戸の町を守る町火消しは享保三年（一七一八年）、南町奉行の大岡越前守忠相《ただすけ》が町火消しを組織し、享保十五年（一七三〇年）年にはいろは四十八組が一番から十番組の大組となった。各組は頭取、組頭、纏《まとい》持ち、梯子《はしご》持ち、鳶口《とびくち》持ち、龍吐水《りゅうどすい》持ちなどの順で構成され、ひとたび火事の半鐘《はんしょう》が鳴ると、刺子頭巾《さしこずきん》をかぶり、組の印を染め抜いた紺半纏《はんてん》に紺股引《ももひき》、草鞋《わらじ》掛けで一団となって「ありゃ、ありゃ、やっ」と掛声勇ましく火事場へ直行する。火事の拡大を食い止める火消口には一番乗りをめざして複数の組や大名火消しが争った。火消口の屋根の上に上がって自分の組の纏を立てることは町火消しの最高の名誉であり、庶民は危険を省みないこの行為を英雄的と受け止めた。そのため火消口をめぐってたびたび火消し同士の争いがあった。これが「火事と喧嘩は江戸の華」のいわれである。

　これら町火消しの鳶《とび》の者たちは、火事場出動以外のときは印半纏《しるしばんてん》に紺股引に雪駄《せった》履きの粋な姿で、建築工事、土木工事、祭の飾り立て、豪商の供などをし、夜は火の用心の見回りをしていたので、江戸っ子の人気者として町内の人々から愛された。

火事装束で火事場に向かう町火消し

龍吐水《りゅうどすい》で火事装束を濡らし危険な火消口に立つ町火消し

大団扇《おおうちわ》を使って火の向きを変え、龍吐水で消火する町火消し

大名の馬の遠乗《とおの》りに庶民は拝礼しなかった？

大名は江戸城登城や参勤交代《さんきんこうたい》のときはかならず駕籠に乗ったが、ときどき気分晴らしに馬に乗ることもあるので、駕籠のうしろには大名用の牽き馬が用意されていた。

いくら泰平の時代だからといって馬術が下手であると家臣に対しても権威を示せないので、大名は数頭の馬を飼い、屋敷の馬場で日頃から乗馬の稽古に励んだ。もっとも江戸時代は乗馬の下手な武士が多く、気の荒い馬は嫌がられ、馬の尾の筋を切ったり、脚の筋肉を弱らせたりしておとなしい馬を好んだ。身分の高い武士でも乗馬の上手な者は比較的少なかったようである。

大名は幕府に無断で江戸をでることは禁止されたが、府内近郊の名所や旧蹟にはよく出かけて楽しんだ。その場合は、駕籠で行く事は大袈裟であり、時間も費用もかかるので、護衛に寵臣を数人連れて、馬術訓練と称して遠乗りをした。駕籠と違って馬はスピードがあるので、たいていのところは日帰りで行くことができた。ただし藩主の命を狙う不届き者もいるので、家臣と同じ服装をした。大名が駕籠で参勤交代などで通行するときは、庶民は往来の端で土下座をするのが礼儀であったが、こうした大名の遠乗りには、庶民は馬蹄にかけられないように往来の端に寄るだけで土下座をする必要はなかった。大名の私的な遊びであり、遠乗りの一行《いっこう》の誰が藩主かもわからないので、ただ立ったまま見送っても差し支えなかった。これに対して大名側も咎めることはなく、むしろ解放感もあり、かえって安全であった。大名の休憩する場所には先に家臣が到着していて準備をしなければならないので、庶民よりむしろ家臣が神経を使ったようである。

家臣と同じ服装をして遠乗りにでかける大名。庶民は拝礼をしなくて良かった

大名の遠乗りの休憩所にはあらかじめ家臣が待機して茶・弁当などを用意した

吉原《よしわら》と岡場所《おかばしょ》は違う！

吉原は江戸幕府公認の遊廓《ゆうかく》であり、非公認の遊女を抱えた遊び場を岡場所《おかばしょ》といった。江戸時代初期には江戸の各地に遊女を抱える風呂屋や遊女屋が散在していた。それを元小田原北条家の浪士である庄司甚内（のちに甚左衛門と改める）が治安上良くないからと散在する遊女を一か所に集めることを願い出て許可され、城東の葭原《よしわら》（後に吉原と改められる）の二町四方を遊廓とした。その後、明暦三年（一六五七年）の大火で類焼し、浅草脇に二町×三町の地と一万五千両を下賜《かし》されて移転した。以後、この地を新《しん》吉原といい、移転前の地を元《もと》吉原と呼んだ。

遊廓の中には、遊女を抱える置屋《おきや》と、客が遊女を呼んで遊ぶ揚屋《あげや》があった。まず客は茶屋に入り、揚屋に案内され遊女を指名する。揚屋の主人はその遊女を抱える置屋に客が身元の確かな者であるという証文を書いて届ける。置屋の主人がこれを承諾すると遊女（太夫の場合）は遣手《やりて》、新造《しんぞ》、禿《かむろ》などを従えて揚屋に向かう。これを花魁道中《おいらんどうちゅう》といった。このほか吉原で遊ぶにはさまざまな手続きがあり、費用も相当に掛かった。このため庶民が手軽に遊べる非公認の遊女屋が現れた。幕府はこれを厳しく取り締まったが、効果がなく、やがて黙認するようになり、数多くの非公認の遊女屋ができた。江戸の入口の四宿「千住（日光・奥州街道）・板橋（中山道）・品川（東海道）・内藤新宿（甲州街道）」も一種の岡場所であった。江戸っ子は許可を得ないことに「岡（他）」の語を使うので、新吉原の遊廓に対して非公認の遊女屋を岡場所というようになったのである。町奉行所の与力《よりき》・同心《どうしん》の手下である岡っ引きも同様に非公認ゆえの名称であった。

幕府公認の新吉原の遊廓。遊び代が高いので客は大商人や高禄武士が多かった

非公認の岡場所。揚代の高い吉原で遊ぶことのできない多くの庶民は、遊び代の安い岡場所に行った

初会《しょかい》は吉原《よしわら》の遊びの作法《さほう》の第一歩

一口に吉原の遊女といっても、階級差があった。時代によって名称も順位も違ったが、一級の遊女を太夫《たゆう》（傾城《けいせい》）といい、その下に格子《こうし》（関西では天神）、散茶《さんちゃ》、鹿恋《かこい》（囲い女郎の略）などと呼ばれる遊女がいた。喜田川守貞の『守貞漫稿』によると、新吉原の太夫級で、揚銭《あげせん》（遊女との遊び代）は夜で銀三十七匁とあり、江戸末期の米に換算すると約〇・二石（二〇〇合）分に相当する（文久三年〈一八六三年〉では、米一石が銀約一八〇匁であった）。泊まりとなると銀七十四匁（だいたい銀六十匁が金一両なので金で約一両二分）の高額で一般庶民にはとても手が届かなかった。太夫級と遊べるのは大商人や高禄の武士ぐらいであった。

安永四年（一七七五年）の吉原細見《さいけん》（遊女名の一覧など記した吉原の案内書）によれば、太夫級が銀九十匁、格子級が銀四十五匁、散茶級が泊まりで銀四十五匁とあり、この他に芸者代や料理代が加算されるので、たいへんな散財である。しかも太夫級を指名した最初の登楼《とうろう》の日は「初会《しょかい》」といって、客の様子を見るための酒席で、話相手をするだけであった。二度目に逢っても「裏を返す」といって遊女の体には触れることができず、三度目でようやく「馴染《なじ》み」となり同衾《どうきん》ができた。しかし、総纏頭《そうばな》といって、その遊女のいる楼閣の全員に心づけを配らなければならなかった。これは太夫を高級遊女として、客から絞りとれるだけ絞るという吉原ならでの作法であり、客は馴染みになるまでには十両近くの費用がかかった。

このように太夫と遊ぶには大金がかかったので、一般庶民は、太夫の下の格子級か散茶級の遊女と遊ぶか、非公認の岡場所に遊びにいった。

二度目は「裏を返す」といって初会の繰り返しで太夫に触れることもできない

初会は酒席で客は太夫と話すだけ。太夫は良い客かを確認する

三度目で客はようやく「馴染み」となり、床入りすることができる。このように遊廓は遊びの手順をふませて客から揚代を絞り取った

遊女と芸者（芸妓《げいぎ》）、本来は違っていた

前項で述べたように、客が遊廓で遊ぶには、揚屋《あげや》が置屋《おきや》から遊女を呼び、太夫ともなると煙草盆《たばこぼん》から身の回りの物すべてを雇い人に持たせて花魁道中《おいらんどうちゅう》をして行くのでそれだけで大変な費用がかかる。余裕のある大金持ちの客しかこないので、やがて置屋が揚屋を兼ねるようになった。また、太夫も最初の頃は琴や三味線などさまざまな芸事を仕込まれ、高い教養を身につけていたが、しだいに美貌と客にたいする手練手管《てれんてくだ》が主となり、芸事も満足にできる者が少なくなっていった。遊廓も質より売上げ優先になっていったのである。

そのため置屋では芸事専門の芸者を抱えるようになった。客を相手にするのは遊女で、芸事サービスをするのは芸者と厳しく区分され、たいていの遊廓は遊女と芸者を抱えた。遊廓が夕刻に店開きに演奏する三味線の「清掻《すががき》」の音曲も遊女に代わって芸者が弾くようになった。しかし、客の中には遊女より芸がすぐれた芸者に興味を持つ者も多かった。芸者は音曲舞踊のみで売春をしてはならず、それを破ると遊廓から追放された。このため芸者の中には、吉原から離れて江戸市中で開業するものが増え、吉原の管轄外であったので遊女と同様に客をとるようになった。江戸時代の芸者が遊女と同じと思われがちなのはこのためである。幕府も芸者は遊芸専門の商売と位置づけていたので、芸者の遊女化を厳しくは取り締まらなかった。

芸者は二十五歳を満期として置屋に抱えられていた。それ以後は「自前《じまえ》」となり独立した。芸者が客や揚屋に呼ばれると、古くは妹芸者が三味線を入れた箱を抱えて従ったが、後には芸者組合で雇った男衆がその代わりをして付き添い、三味線箱を持ったので箱屋《はこや》と呼ばれた。

太夫は花魁道中をして揚屋に向かう。客の揚銭の中にはこの費用も含まれた

最初は妹芸者が三味線を入れた箱を持って従ったが、後には男衆が持ち、箱屋と呼ばれた

芸者は遊廓を出て江戸市中で開業し、遊女と同じく客をとるようになった

一人三役の飯盛女《めしもりおんな》

安藤広重の東海道五十三次の錦絵に、御油《ごゆ》の宿場で、御白粉《おしろい》を塗った女が旅人の泊まり客の奪い合いをしている情景があるが、これは飯盛女と呼ばれ各街道の宿場にいた。

飯盛女が泊まり客を宿に引き入れると、客は座敷に上がるために框《かまち》に腰をおろして、荷物を置いてから草鞋《わらじ》を脱ぐ。そのときに飯盛女が水のはいった手桶を持ってきて、埃《ほこり》や泥にまみれた客の足を洗ってやる。その後に客は座敷に上がるのであるが、この役をするため「足洗い女」とも呼ばれた。しかし、犯罪などによって罰として最下層の身分にされた者が引き取り手によってふたたび元に身分に戻ることを「足を洗う」といったので、この呼称は嫌われて通常は飯盛女といった。宿泊代は数人の相部屋で一般庶民は夕飯、朝飯付きで、江戸末期で約百五十文ほどであった。食事は足付膳一人一膳で、飯盛女はこれを客に運び、寝具も並べて敷いた。そして給仕のときに客に誘われると、夜更けに客のところに来て売春もするようになった。飯盛女は一人三役をこなしていたわけである。これは非公認の売春であったが、江戸の出入口の四宿「千住（日光・奥州街道）・板橋（中山道）・品川（東海道）・内藤新宿（甲州街道）」では、公然と行われた。幕府も飯盛女という名目でこれを黙認した。

旅人を奪い合う宿場の飯盛女

客部屋に食事の膳を運ぶ飯盛女

客の足を洗ったので足洗女とも呼ばれた

夜は泊まり客相手に売春をした。東海道の品川宿では、揚代《あげだい》が2朱（600文）、500文、400文と格差があり、これを六寸、五寸、四寸と暗号で呼んだ。箱根宿では飯盛女といわずに招女《とめおんな》といった

昆布巻《こぶま》き芸者とはどんな芸者？

江戸時代の本来の芸者は、客に遊芸を披露して収入とするのが本業で、いくら金で誘われても遊女のように売春をすることは面子《めんつ》にかかわるとして嫌った。そのかわり他人に知られないように欲得抜きで情人《いろ》と付き合った。しかし、芸者のなかには、客の求めに応じて内緒で売春をして手早く稼ぐ者が多く現れた。

芸者の需要が増えると、芸者を差配する見《けん》（検）番《ばん》ができて、芸者の管理と世話をするようになった。前々項で述べたように、芸者は妹芸者に三味線を入れた箱を持たせ二人一組で遊芸を披露したが、さらに妹芸者に代わって男衆が三味線の箱持ち（箱屋《はこや》と呼ばれた）となって、着物の着付けから帯締めまで手伝うようになった。男衆は芸者の帯を固くしっかりと締めたので、芸者は一度脱ぐと男衆が着付けしたようには締め直すことができず、着付けの不器用な芸者はすぐに着物を脱いだことが判明して、無断で売春をしたことが露見してしまった。

そこで不器用な芸者は、着物と帯をつけたまま、卓袱台《ちゃぶだい》（現在でいう食卓）の上に寝て、裾を開いて客の求めに応じた。これなら着物も帯も乱れないので、内緒で売春をしたことを見つけられなかった。この形がまるで干瓢《かんぴょう》で昆布《こんぶ》をしっかり締めた昆布巻《こぶま》きに似ているところから、このような売春をする芸者のことを昆布巻き芸者といって蔑称した。江戸時代以降の芸者で売春をする者はほとんどがこの昆布巻き芸者であった。

芸妓屋、待合、料理屋の揃ったところを三業地といったが、芸者が売春をするようになって、遊女と芸者の区別がつかなくなり、花柳界《かりゅうかい》も遊廓と混同されるようになっていったのである。

箱屋は芸者の着付けから帯締めまでをする付き人の役割をするようになった
芸者の使う三味線を入れた箱を持って従って行くので箱屋と呼ばれた

昆布巻き芸者と呼ばれる芸者は、帯をしめたまま客の求めに応じたので、男衆に売春をしたことが露見されなかった

矢場《やば》に居《い》る女はヤバイ女？

江戸の庶民の遊戯場に楊弓場《ようきゅうじょう》（矢場《やば》といった）があった。小さな弓矢で的《まと》を射て、腕を競ったり、みごとに的を射ると爪楊枝《つまようじ》や歯磨きなどの景品を出すところもあった。射手の座は的から七間半（約十三・五メートル）の距離にあるのが定式であったが、室内化が進みさらに短い距離の施設となり、畳座敷から弓矢を射った。弓は楊弓（もと楊柳《やなぎ》で作ったことからの名）で、長さは約二尺八寸（約八十五センチ）、矢は九寸（約二十七センチ）ほどで、上等のものは蘇芳《すおう》の木で作られた。細い弓なので握りの部分は銀製でしゃれた模様彫刻などがほどこされていた。矢も弓と同じ素材であるが、鷹の羽を用い、矢筈《やはず》（弓の両端の弦《つる》を掛けるところ）と矢尻《やじり》が象牙という上等なものもあった。

的は木の枠に大中小のものを紐で吊るし、背景は垂れ幕であった。一般に二百矢射って五十以上を的に当てると、その人の名前を和紙に朱書きして壁に貼った。

さて、この項目名の「矢場に居る女はヤバイ女」であるが、矢場に遊びに来る人の多くは、矢取女《やとりめ》をめあてに通ったのである。矢取女は客と向かい合せに座り、右手に弓を、左手に矢を持って、客に次の矢を渡した。そして片膝を立てて客を魅了させ、客の要求があると、矢場の背後にある小部屋で売春をした。本来の楊弓は立って射るものであり、遊技場の楊弓は武芸として弓術の意味は失われ、まったくの座興といえるものであった。矢取女はやがて矢場女と呼ばれるようになり、「矢場居る女」から「ヤバイ女」の言葉が生まれたと考えられる。このように江戸の楊弓場は売春の場でもあり、幕末には大いに繁盛した。

楊弓場の見取り図

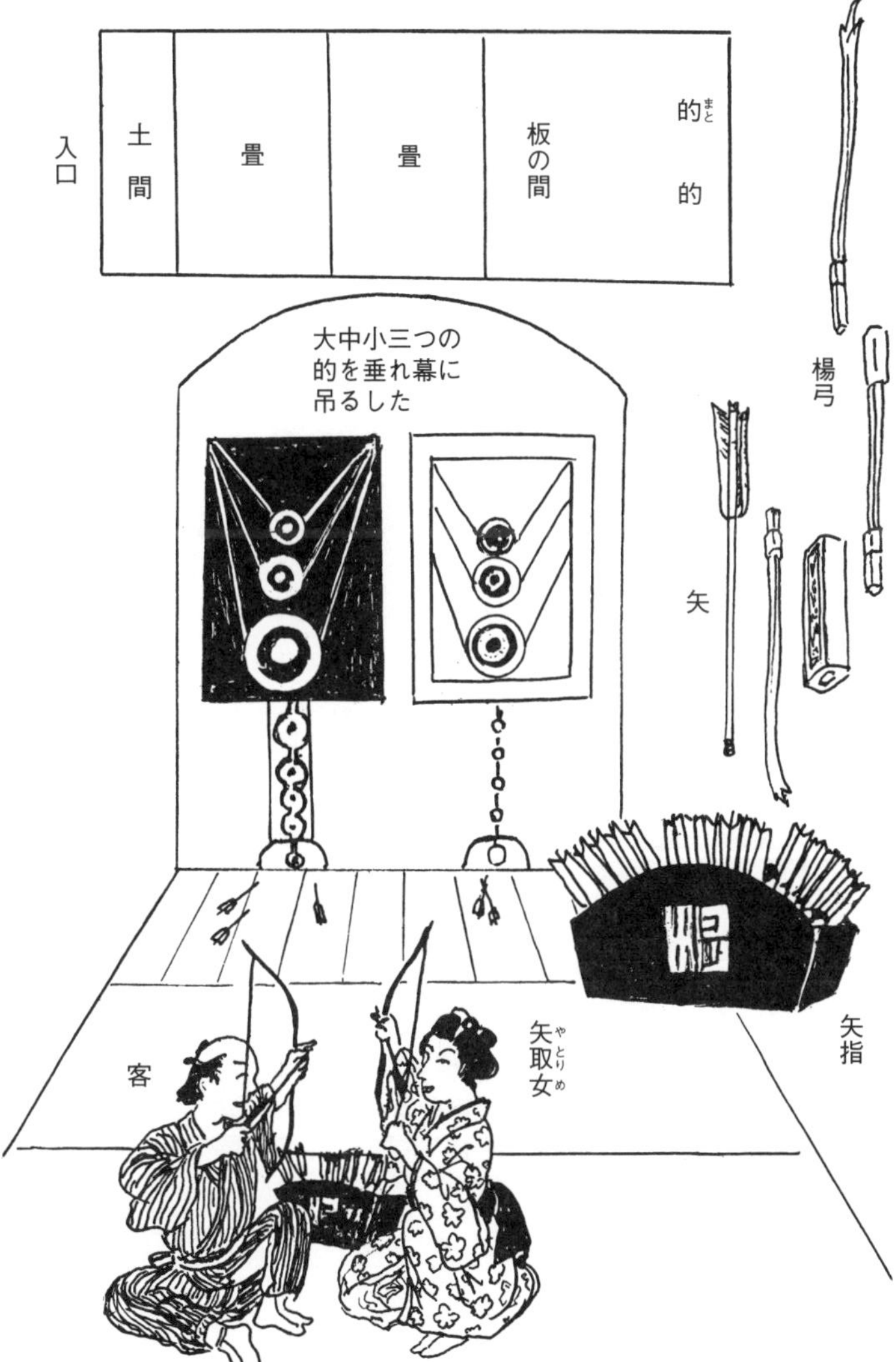

楊弓場（矢場）

芸人は通行手形《つうこうてがた》がいらなかった？

映画やテレビの時代劇では、庶民も武士も気軽に旅にでるが、実際は江戸時代に旅にでることは簡単ではなかった。江戸中期には江戸を中心に諸国の要所に約六十五か所の関所があり、関所手形がないと通過できなかった。武士は大名家の証明書、幕臣は上司の証明書が必要であった。庶民も町名主に届けでて通行手形を発行してもらわなければ関所を越えられなかった。なかでも東海道の箱根の関所は「出女《でおんな》に入鉄砲《いりでっぽう》」といわれ、とくに検査が厳重であった。「出女」とは幕府の命により、大名の妻子が人質的に江戸屋敷に置かれていたので、一般の武士の妻などに変装して江戸から脱出することを厳しく監視したのである。そのため庶民の女性でも座敷に上げて女改《おんなあらた》め姥《うば》（人見女）が徹底的に検査をした。女改め姥は怪しいと思う女性がいると、座敷で衣服を脱がして検査した。また、手形には若衆姿に変装しているかを確認するために、髪切りをしてあるかが記載されていた。手形のない無宿者や駆落ちの男女が関所破りをして捕らえられると、男は磔《はりつけ》、女は奴《やっこ》（一生奉公）の身分に落とされた。

ただし、地方を回って興行をする相撲取りや歌舞伎役者などの芸人は、一定の土地に定住していないため関所手形を発行してもらえないので、手形代わりに芸人であることを証明するために、関所役人に得意の芸を披露し、認められれば手形なしで通行が許された。相撲取りも土俵入りをしたり、化粧回しや相撲道具を見せて身分の証明をして通行した。このほか猿回しや角兵衛獅子《かくべいじし》などの芸人は親方から証明を貰っていて、やはり芸を披露すれば通行ができた。

住所が定まらない芸人や相撲取りなどは関所役人の前で得意芸を披露して身分を証明し、認められれば通行を許された

誤解だらけのやくざの旅姿

映画やテレビの時代劇でやくざや博奕《ばくち》打ちが防寒用の引回《ひきまわ》し合羽《かっぱ》を着てさっそうと旅をする場面があり、この姿と引回し合羽がやくざ専用のものと思われているがこれは大きな誤解である。一般庶民は袖付きの半合羽を多く用い、引回しの合羽をあまり用いなかったのでやくざのトレードマークのように思われるようになったのである。実際には、やくざや無宿者は筵《むしろ》やござを巻いて背負うみすぼらしい姿で旅をし、せいぜい親分格が引回し合羽を着るぐらいであった。

この合羽は安土桃山時代ごろに宣教師が着ていたcapa（ポルトガル語）からきたもので、武家奉公人などの低い身分の者は、紙でマント状に仕立てて防水のため桐油《とうゆ》を塗ったものを用い、これを坊主合羽《ぼうずかっぱ》（京坂では引回し合羽）といった。木綿仕立てのものは、表は紺の大縞の布を縦長の三角形に裁断し、細い方を上にして縫い合わせ、裏は茶色の木綿の袷《あわせ》にした。生地を二枚重ねて、その間に厚紙を挟み皺《しわ》がでないようにした。襟の内側は羅紗《らしゃ》や天鵞絨《ビロード》を縫い付けて当たりを柔らかくした。羅紗製の上等な生地のものもあった。

一方、半合羽は豆蔵《まめぞう》ともいい、元文期（一七三六～四一年）頃から流行し、丈は羽織《はおり》より五寸（約十五センチ）ほど長めで、合わせ目は鞐《こはぜ》掛《が》けにした。雨の日ばかりでなく防寒や衣服の汚れ除けにも用いたので、下の着物は裾を端折《はしょ》った。なかには用心のための道中差《どうちゅうざし》（脇差《わきざし》）を差す穴が左腹前にあけてあるものもあった。また、半合羽でも安物は紙貼りで桐油塗りのものもあった。いずれも頭には菅笠や一文字笠をかぶった。

なお、丈が長く武士が裾まで覆って着たものを長合羽といった。また甲冑のような桐油を塗った鎧《よろい》合羽もあった。

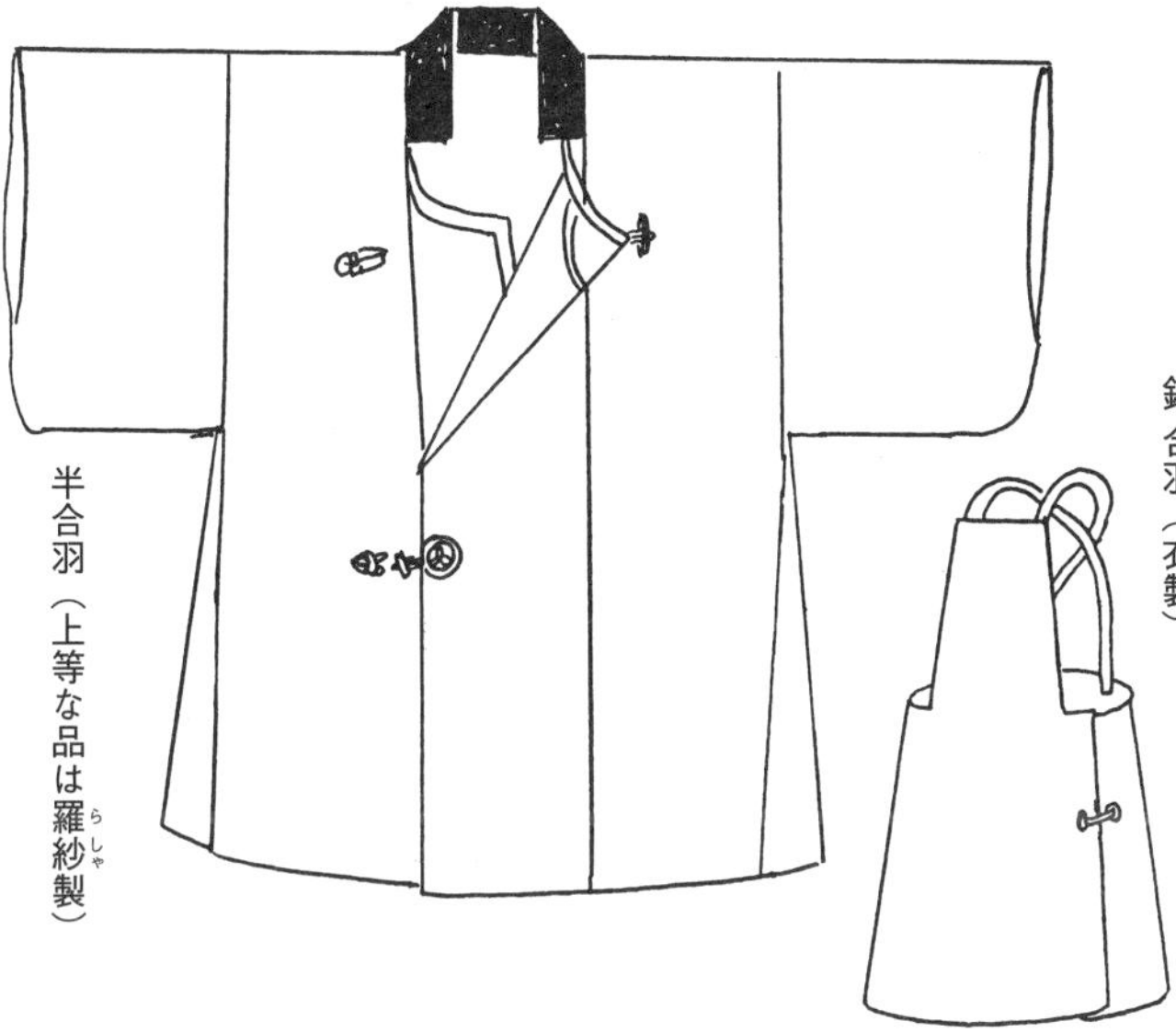
半合羽（上等な品は羅紗《らしゃ》製）
鎧《よろい》合羽（衣製）

菅笠《すげがさ》
引回《ひきまわ》し合羽
柳行李《やなぎごうり》
股引《ももひき》に脚絆《きゃはん》
草鞋《わらじ》
半合羽

これが江戸時代の女性の旅と旅姿

江戸時代の庶民の男性の旅支度は、股引《ももひき》、脚絆《きゃはん》、草鞋《わらじ》掛けに着物は腰に尻《しり》っ端折《ぱしょ》りで、日除けには菅笠《すげがさ》をかぶり、雨雪には坊主合羽《ぼうずがっぱ》（引回し合羽）や半合羽を着た。「縞《しま》の合羽に三度笠」というと、映画やテレビの時代劇では、やくざの旅姿のように表現されているが、これは実際には一般庶民の旅姿であり、前項で述べたようにやくざは筵《むしろ》やござを巻いたものを背負ったみすぼらしい姿であった。

さて女性は「出女《でおんな》と入鉄砲《いりでっぽう》」の言葉のあるように、厳しく制限されたのであまり江戸府外への旅行をすることがなかった。女性の行楽旅行といえば大師詣《まい》り（川崎大師）か大山詣り、鎌倉や江ノ島見物で、往復二泊くらいであった。この場合でも、町名主に旅の目的、行き先、日程、菩提寺の宗旨の証明など詳細な戸籍と特徴など届け、町名主はそれを幕府の役所に提出し、通行手形を発行してもらった。それでも観光旅行や温泉保養は女性の楽しみであり、余裕のある女性は手続きの手間を惜しまず出掛けた。

女性の一人旅は馬子《まご》や駕籠屋の雲助に法外な料金をとられることもあり、少なかった。女性の旅支度も、服装は日焼けを防ぐために菅笠をかぶるか、手拭《てぬぐ》いで髪の毛を覆い、衣服の上に埃《ほこり》除けの衣《ころも》をはおり、裾をめくって歩くので、ときには埃除けの腰巻きをまとい、手甲《てっこう》、脚絆、足袋に草履履きという格好であった。そして杖をつき、必要な荷物を風呂敷に包んで腰に巻いたので、映画やテレビの時代劇で見るような安直な旅姿ではなかった。とくに女性は旅なれていないので、徒歩では近距離でも疲れ、余裕のある女性は宿場の駄馬《だば》か駕籠を利用することが多かった。

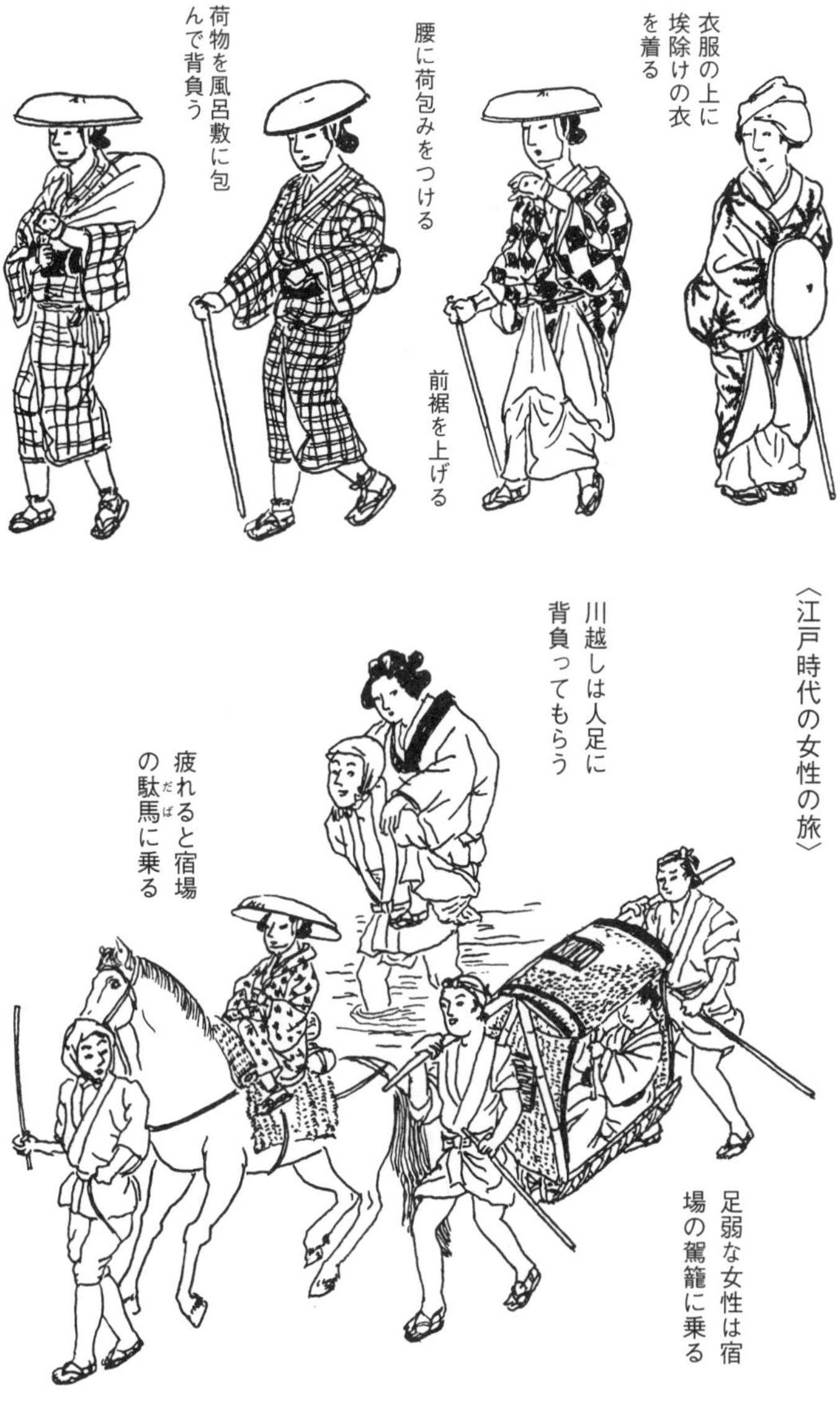
衣服の上に埃除けの衣を着る
腰に荷包みをつける
前裾を上げる
荷物を風呂敷に包んで背負う
川越しは人足に背負ってもらう
疲れると宿場の駄馬《だば》に乗る
足弱な女性は宿場の駕籠に乗る

〈江戸時代の女性の旅〉

アイディア満載の旅道具

行商で有名な近江商人は旅なれていて、いつも宿代が安価な旅籠《はたご》に泊まった。さらに近江商人は、商品と宿泊用の道具一式を風呂敷の中に包んで、背負って行商をしたので、旅籠が見つからないときは辻堂の中でも泊まることができた。

箱枕《はこまくら》（旅枕《たびまくら》ともいう）という高さ十三センチくらいの細長い木箱がそれである。中には小型の行灯《あんどん》が入っているので、その行灯に蠟燭《ろうそく》の火をともして、箱を枕にした。布の袷《あわせ》の引回し合羽が夜具となった。この箱枕には、そのほか蝶番《ちょうつがい》で開く蓋《ふた》や引き出しがあって、目方で量り売りをするための小型の秤《はかり》や、方向を迷わないように磁石などを入れた。また、締めた帯には矢立《やたて》を差して記帳用とし、早道《はやみち》という小銭入れを腰に挟んだ。これは革製で、袋には小銭がたくさん入るが、わずかの銀や銅貨を手早くだすために上部が二分できる筒になっていて、捻《ひね》るとすぐに取りだせた。夜道を行くときは、二本の胴の筒に蠟燭《ろうそく》が収納された簡易の小田原提灯《ちょうちん》に火をともして歩いた。大量の商品を持ち歩く場合は、天秤棒《てんびんぼう》代りの細い棒の両端に荷をぶら下げて担ぎ、少量の商品のときは小さい柳行李《やなぎごうり》を振分けにして体の前後で担いだ。まさに、小型の電化製品で世界を席巻《せっけん》した日本の現代企業の原点がこの旅枕にあるようである。

近江商人は麻布《あさぬの》や呉服、太物《ふともの》（綿織物・麻織物を総称した言葉。絹織物を呉服といった）、蚊帳《かや》、合薬《あわせぐすり》（さまざまな薬を調合した薬）を売り、生糸や紅花、塩干魚などを仕入れて上方を売り歩いたので、俗に鋸商《のこぎりあきな》いと呼ばれた。

〈近江商人の旅道具の例〉

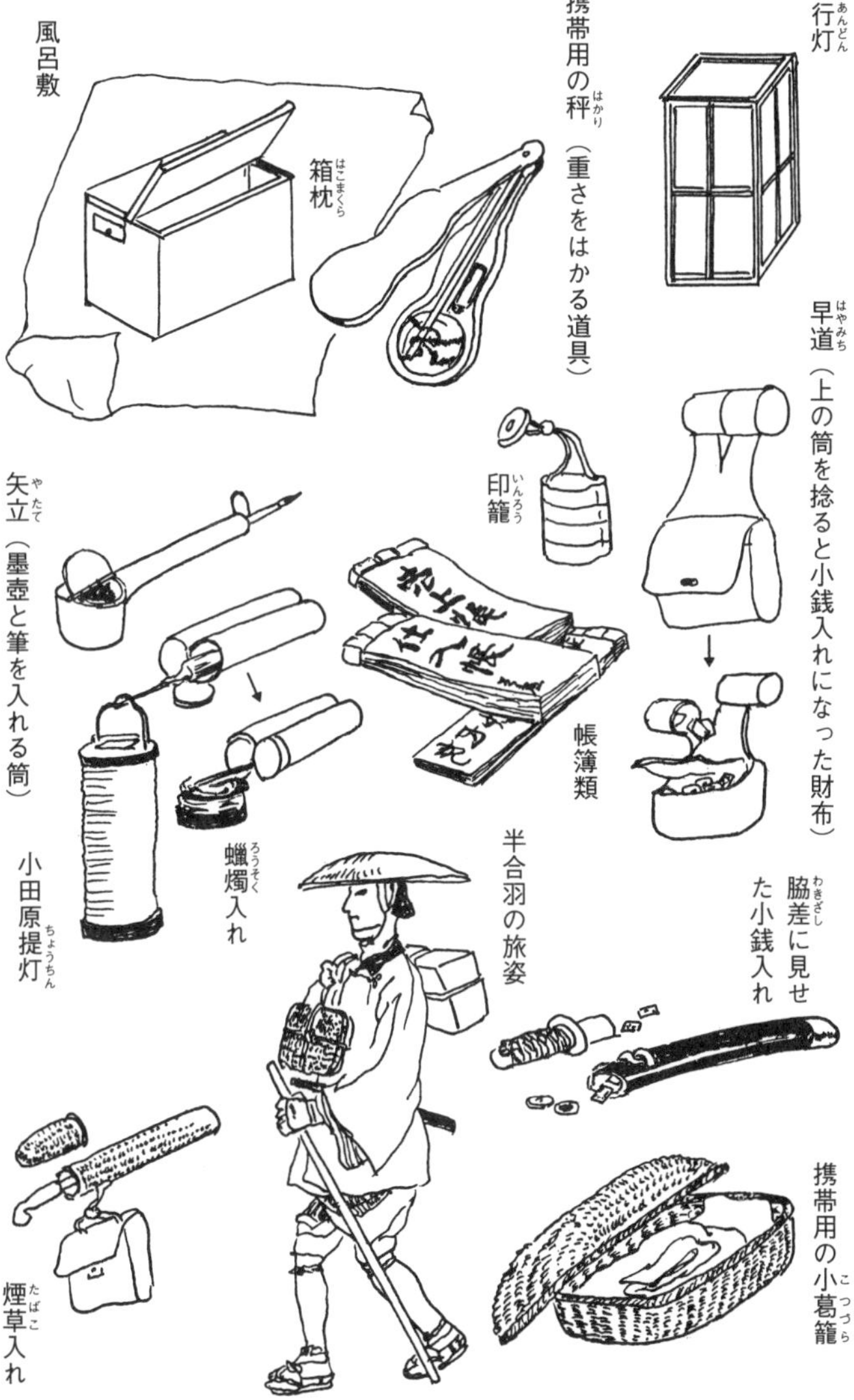
風呂敷
箱枕《はこまくら》
携帯用の秤《はかり》（重さをはかる道具）
行灯《あんどん》
早道《はやみち》（上の筒を捻ると小銭入れになった財布）
印籠《いんろう》
矢立《やたて》（墨壺と筆を入れる筒）
帳簿類
小田原提灯《ちょうちん》
蠟燭《ろうそく》入れ
半合羽の旅姿
脇差《わきざし》に見せた小銭入れ
携帯用の小葛籠《こつづら》
煙草《たばこ》入れ

地回《じまわ》りは青春の落とし子か？

江戸時代には、遊び盛りの職人や農民の若い衆は、公娼《こうしょう》や岡場所《おかばしょ》の女性と言葉を交わしたくて、夜になると遊里《ゆうり》をふらつく者が多かった。今日の東京でいえば夜の渋谷や六本木の盛り場を若者がうろつきたむろするのと同じようなもので、粋な姿のつもりで、浴衣《ゆかた》や単衣《ひとえ》を着流しにして、銭湯《せんとう》帰りのように手拭《てぬぐ》いを片肩にかけ、一方の着物の裾をまくって帯に挟み、雪駄《せった》の底金《そこがね》をチャラチャラ鳴らして、遊里を自分の縄張りのようにして歩く。毎晩のように徘徊《はいかい》するので、いつしか地回りと呼ばれるようになった。

遊女を揚げて遊ぶ金もなく、遊女屋の格子《こうし》に近づいて冗談をいって冷やかしたりする。新米の遊女のなかにはもしかしたら登楼《とうろう》するかも知れないと誘ったり、朱羅宇《しゅらお》の吸付煙草を格子の間から差しだしたりすると、そのお先煙草《さきたばこ》を吸って通人《つうじん》のふりをして喜んだりする。しかし顔見知りの遊女は遊んでゆくような客でないことを知っているので、嫌がらせをされない程度に適当にあしらう。

遊廓の客が料金のことで揉《も》めたり、喧嘩《けんか》などが起こると、地回りは頼まれたわけでもないのに、自分の縄張りの中のこととして仲裁《ちゅうさい》に入ったり、暴力で解決したりした。地回りはこのような岡場所にかぎらず、夜《よ》鷹《たか》（路傍《ろぼう》で客をひく売春婦）の出没するところにもいて、夜鷹をからかうだけの素見屋《すけんや》（夜鷹の客にもならずにひやかすだけの男達）の整理までした。自称用人棒を気取ったが、これを生計としたわけではなく、自分の義侠《ぎきょう》心《しん》に酔う青春のはけ口であった。しかし、これらの地回りが犯罪人の仲間に誘われたりして、札付《ふだつ》きとなり、やがて親や親戚縁者から勘当《かんどう》され、無宿者や博奕打《ばくちうち》の予備軍となっていったのである。

遊女を買う金もない地回《じまわ》りは、粋を気取って毎晩遊里《ゆうり》を回って歩く

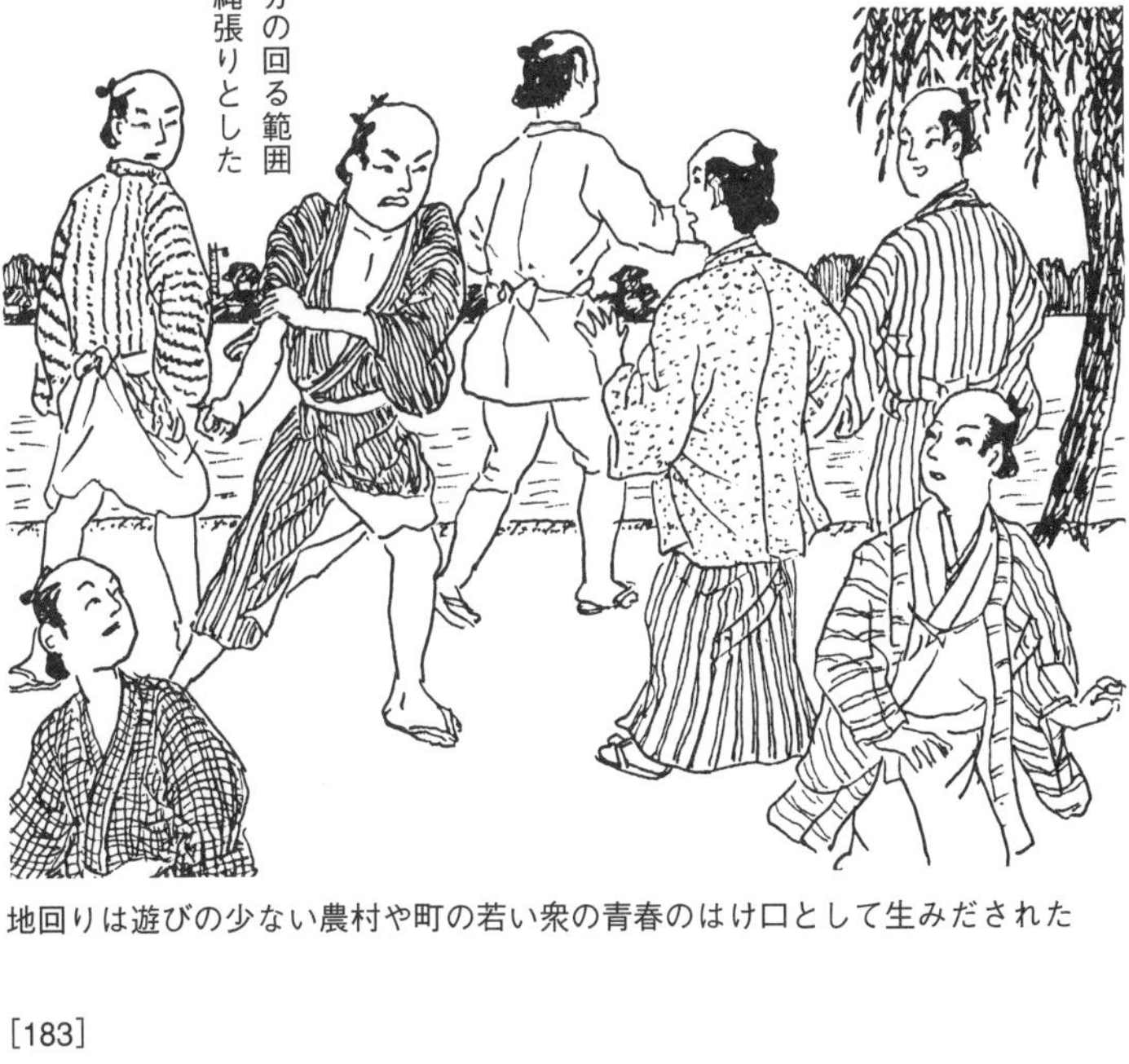

自分の回る範囲を縄張りとした

地回りは遊びの少ない農村や町の若い衆の青春のはけ口として生みだされた

やくざは菅笠《すげがさ》、飛脚《ひきゃく》が三度笠《さんどがさ》？

江戸時代に旅人や股旅《またたび》のやくざが旅行用にかぶる笠を三度笠といっているが、これは菅笠《すげがさ》の間違いである。たしかに三度笠も菅笠の一種であるが、三度笠は飛脚専用の菅笠で、旅人ややくざがかぶっていた笠はそれ以外の菅笠である。菅笠には形によって、単に菅笠と呼ばれるものから、一文字形菅笠《いちもんじなりすげがさ》、蝙蝠形菅笠《こうもりなり》、杉形《すぎなり》菅笠などさまざまな種類がある。

三度笠は貞享期（一六八四〜八八年）頃に三度飛脚《さんどびきゃく》（江戸から京坂を月に三度往復した定飛脚《じょうびきゃく》）が用いたことから三度笠（大深《おおぶか》）と呼ばれたものである。いわゆる深編笠《ふかあみがさ》で、中心から外に深く広がった形で、落馬したときに顔面を傷つけないように工夫されたものである。ときにはやくざが旅なれた飛脚の格好を真似ることもあったであろうが、三度笠は定飛脚専用の笠として使われたものであった。

やくざは菅笠をかぶり、筵やござを巻いて背負うみすぼらしい姿で旅をし、親分格が引回し合羽を着るくらいであったので、映画やテレビの時代劇のように、三度笠をかぶり、引回《ひきまわ》し合羽《かっぱ》をはおり、振分荷《ふりわけに》を平紐《ひらひも》で結んで肩にかけ、尻《しり》っ端折《ぱっしょ》りで刃渡り二尺の長脇差《ながわきざし》を腰に差した凄みのある旅姿は少なかった。

庶民の旅支度もほぼ同様であるが、日よけに菅笠をかぶり、雨風よけには引回し合羽や半合羽をはおった。引回し合羽は後世のマントと同じで、前に述べたように宣教師が着た外套《がいとう》のCapa（ポルトガル語）の名称がそのまま合羽と宛字されたものであり、体をぐるりと囲み回して包むことから呼ばれたものである。また、庶民でも旅行中にかぎって護身用の脇差《わきざし》（刃渡り二尺以内の刀）の携帯が許されていた。

やくざのかぶる笠を三度笠というのは誤りで、正しくは菅笠である

三度飛脚がかぶるところから三度笠といわれた

〈菅笠のいろいろ〉

一般的な菅笠《すげがさ》

一文字《いちもんじ》形《なり》菅笠《すげがさ》

蝙蝠《こうもり》形《なり》菅笠《すげがさ》

杉《すぎ》形《なり》菅笠《すげがさ》

三度笠

渡世人《とせいにん》の長旅と一宿一飯《いっしゅくいっぱん》の礼儀作法

やくざの博奕《ばくち》打ちは渡世人とも呼ばれ、往々にして争いを起したり起されたりで刃傷沙汰《にんじょうざた》となることがあり、追っ手を逃れて放浪することがあった。これを「長い草鞋《わらじ》を履《は》く」というが、宿屋には宿泊ができないので、旅先の同業の親分のところに泊めてもらう。そのときは通常、自分の親分の紹介状を持っていく。

まず相手の家の敷居をまたぐときに、「敷居内御免《ごめん》なすって下さいまし」と言って土間を三歩半進んで、一歩戻り、両手を膝の上につけて腰をかがめて応対に出た家の者に「お控えなさい」と言う。家の者も「お控えなさい」とこたえる。これを二、三回繰り返してから旅人から「それでは仁義《じんぎ》になりませんから是非お控え下さい」と言う。家の者は「逆意と存じますが、お言葉で御座《ござ》んすから控えさせていただきます」と答える。そして旅人は「早速、お控え下さって有り難う御座んす。手前生国《てめいしょうこく》は関東に御座んす。関東関東と申しても広う御座んす。江戸は浅草の○○で御座んす。渡世の親分の○○と申します者の若いもんに御座んす。名前の儀は○○と申して、しがない者に御座んす」と言いながら、右手に新しい手拭《てぬぐ》いを折り畳んで前に出し、体をくの字に腰を屈めておく仕草をする。この手拭いは挨拶のしるしの品なので、相手も受け取らない。

宿泊させてもらえると、大きい飯茶碗《めしぢゃわん》に飯を山盛り二杯だされ、食べ残すと仁義に反した。これが一宿一飯の恩義で、一時身を寄せることを「草鞋を脱ぐ」といった。その一家で喧嘩《でいり》があれば協力しなければならなかった。映画やテレビの時代劇のやくざは三度笠に尻《しり》っ端折《ぱしょ》り、手甲《しゅこう》、脚半《きゃはん》に草鞋履きで、引回し合羽に長脇差《ながどす》の粋で凄みのある旅姿であるが、それは大親分くらいで、一般の渡世人はみすぼらしい旅姿であった。

渡世人は土間に入って三歩進み一歩戻り、腰をかがめて仁義を切る

相手の親分の家の者が応対し、お控えなさいと言い、お互いにこれを二、三回繰り返す

映画やテレビの時代劇にでてくる間違った姿の渡世人

実際の一般の渡世人の旅姿。筵《むしろ》を背負った

「足《あし》を洗《あら》う」の語源

現在では、やくざ者や暴力団に入った者が改心《かいしん》して組織から脱退し、真面目な職につくことを「足を洗う」というが、江戸時代の「足を洗う」の用語の起こりはまったく異る。人別帳《にんべつちょう》(現在の戸籍簿)から外《はず》されて乞食《こじき》になった無宿《むしゅく》者《もの》や、心中《しんじゅう》未遂《みすい》で捕らわれて日本橋に三日間晒《さらし》刑《けい》にされ、弾左衛門《だんざえもん》配下の乞食頭《こじきがしら》の車善《くるまぜん》七《しち》の配下にされた者などが、親類縁者の助力でふたたび人別帳に記載されて常人に戻ることをいった。

親類縁者は乞食頭の車善七に願いでて、町奉行所に一般の人別帳への復帰届けを出してもらう。そして「足洗い」の金額を納める。その額はとくに定められてはいなかったが、納められるのは裕福な親類縁者がほとんどであった。それから浅草の乞食小屋のある空地で「足洗い儀式」を行う。足洗いを願いでた者が薪《たきぎ》と釜、塩、盥《たらい》二つに薦《こも》を用意する。車善七が薦に座し、小屋に住む車善七の配下の乞食たちが離れて並び、その中央に引取人が薦に座り、その前に水を入れた盥と釜で沸かした湯を入れた盥が用意される。足洗人はまず水の入った盥で体を洗い、続いてもう一つの湯の入った盥で体を洗って、用意された衣服に着替える。

そして立合い人である車善七が検分し、乞食の人別帳から足洗人の名を消して、願いでた縁者に足洗人を渡して、常人にもどったことを宣言する。これが「足を洗う」の語源で、この後に当人が町奉行所に報告し、今後住むべき所の五人組、町名主に届け出て、庶民としての人別帳に再登録してもらう。この人別帳には、「本人別」と「仮人別」があり、本人別は町奉行所が管理し、仮人別は名主の家にあり町役人が管理した。結婚・離縁・死亡などでの移動は、町役人から名主に届けられると名主が仮人別に記入し、奉行所に届けた。

乞食から庶民の身分に戻るには、親類縁者が乞食頭の車善七に相当の金銭を払って、足洗いの儀式をして、ふたたび庶民の人別帳に記載してもらった

江戸の考証学

〔8〕江戸の結髪
〔9〕江戸の服装
〔10〕江戸の生活

時代劇のあきれるばかりの髪形《かみがた》

昨今の映画やテレビの時代劇や小説の挿絵などを見ていると、その監督や時代考証家、挿絵画家が誤解していることに気付くことが多い。とくに結髪《けっぱつ》が画一的《かくいってき》であることには驚く。ほとんどが、武士は武士型の丁髷《ちょんまげ》、庶民の男は庶民型の丁髷、既婚女性は丸髷《まるまげ》、娘は高島田《たかしまだ》という髪形である。男なら丁髷、女なら日本髪であれば観客は納得すると思っているのだろうか。実際は江戸二百六十五年の間には、男女の結髪も衣装も驚くほど流行が変化している。史実に沿ってそれぞれの時代に合わせた風俗で表現してこそ、新鮮で印象深い時代感覚が演出できるのである。

最近のテレビ時代劇で、庶民の髷が太く長く、武士の髷が細目で短い場面があった。もちろん武士でも本《ほん》多髷《だまげ》が流行した時代には、髷が細く短い結髪の武士もいたが、庶民が太くて長い髷というのは、野暮《やぼ》とされ決して流行はしなかった。どんな丁髷でもかぶらせておけば江戸時代の雰囲気《ふんいき》がでると思うのはまったく無責任である。また、俳優が長髪の上から鬘《かつら》をかぶるので襟足《えりあし》から長髪が色濃くはみでている場面も多い。江戸時代には男女ともに結髪の襟足は綺麗《きれい》に剃《そ》って、襟足に無精《ぶしょう》毛《げ》が無いのがたしなみであったので、地髪の先端が襟足に固まって露出している状態を背後から映している場面を見ると、見苦しいかぎりである。

明治以降、現代でも男女の髪形や服装に流行や目まぐるしい変遷があるように、江戸時代でも士農工商の身分や職業の違いによって髪形はさまざまな変遷があったのである。次項以降、江戸時代の髪形の誤解を解くためにも、それぞれの時代の基本的な髪形を参考のため、ごく簡単に解説しておきたい。

〈時代劇や挿絵の画一的な髪形の例〉

時代劇でよく見かける髷《まげ》が太くて長いという庶民の結髪《けっぱつ》。江戸時代の庶民はこのような結髪は野暮《やぼ》として流行しなかった

時代劇でよく見かける髷《まげ》が細くて短い武士の結髪《けっぱつ》。これは本田髷の流行したときの武士の髪形で、武士の結髪にも、時代によってさまざまな種類があった

時代劇でよく見かける襟足《えりあし》に鬘《かつら》の下の地毛がはみ出た状態。江戸時代には、たしなみがなく見苦しいものとされた

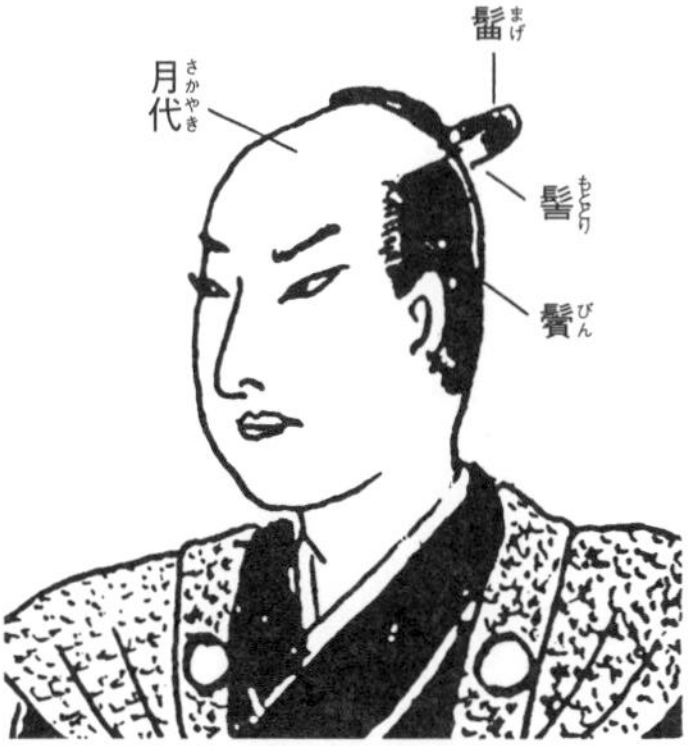

男の結髪《けっぱつ》── 江戸初期から中期（一）

江戸初期には前の時代に流行した総髪《そうはつ》に髻《もとどり》を付けた結髪が一部残っていた。医者や儒者はこの髪形で、それが職業の目印ともなった。仕官した侍は月代《さかやき》（男の髪を額から頭の中央にかけて半月形に剃り落したもの）を剃って、髷《まげ》を後頭部にまとめ糸や元結《もとゆい》で結び、先端の毛だけ後部に垂らした。その髪の短いのを茶筅髪《ちゃせんがみ》といい、若い男ほど長く垂らした。そして髻を鬢付油《びんつけあぶら》で固めて前に倒し、月代の上に乗せる形になり、これを丁髷《ちょんまげ》といった。月代はすぐ毛が伸びてくるので武士は毎日のように剃った。なかにはわざと月代の毛を伸ばしたり、月代の前方の毛だけを伸ばした「ちらし前髪」もあった。浪士や下級武士は月代を剃る費用がないので、五分月代《ごぶさかやき》といって月代の毛を二センチほど伸ばした。少年は、月代を剃るが額の上の部分を剃り残し左右に振分け髪にした。これが少年の目印で元服《げんぷく》するとこの前髪を剃り落とした。

江戸中期に入ると、糸鬢髷《いとびんまげ》といって、庶民は月代を広くし、短めの丁髷を結ったが、仕官前の若い武士や若党《わかとう》などの下級武士にもこの結髪が粋《いき》に見えるとして流行した。これが一般武士にも普及し、月代を広くとり、丁髷の髻は後頭部に移り、丁髷先を短くし、毛先を鬢付油で固めて立てた。少年は鬢付油で前髪の中央を盛上げるように固め、毛先近くは元結《もとゆい》で束ね、余った髪を左か右の鬢《びん》に倒した。これを角前髪《つのまえがみ》といい、この髪形で、後頭部にまとめた髪を後方に突出すようにして、丁髷を元結で巻いて立て、その先端をわずかに立てる若衆髷《わかしゅうまげ》が流行した。この髷尻を縦にして、その先を上方に立てて髻をつくる結髪が流行し、「かもの尻《じり》」といった。この時代から髱《たぼ》を後方に突出す結髪が一般化し、武士・庶民の青少年の結髪として定着した。

〈江戸初期の結髪〉（上二段）

総髪《そうはつ》に髻《もとどり》

月代を剃り髻の先の毛を垂らした髪

月代を剃り、髻を前に折り曲げた一般的な丁髷《ちょんまげ》髪

月代《さかやき》に毛を伸ばした結髪

月代の前髪を伸ばした「ちらし前髪」

前髪を左右に振り分けた少年の髪

〈江戸中期初めの結髪〉（下二段）

万治（一六五八～六一年）頃の糸鬢髷《いとびんまげ》

元禄風の髷の結髪

鬢《びん》が張出した結髪

元禄（一六八八～一七〇四年）頃の少年の角前髪《つのまえがみ》

若衆髷《わかしゅまげ》

若衆髷

男の結髪《けっぱつ》— 江戸中期（二）

江戸中期の男の結髪は武士も庶民も鬢《びん》を張出し、丁髷《ちょんまげ》を後頭部に二つ折りしてのせる二つ折髷が一般的であったが、歌舞伎役者やいなせな若者によって流行の髪形が決まった。鬢形にも鬢の毛を下から上へ掻き上げて、月代《さかやき》の際《きわ》で巻き込むように髻《もとどり》に合わせて結い上げる巻鬢《まきびん》、耳の後ろから掻き上げて後頭部で合わせ束ねて丁髷に結う掻《か》き鬢《びん》などがあった。武士は髪の先を折りたたんで元結《もとゆい》を巻きしめたが、これにも髷《まげ》の長短があり、なかでも髷先を短くした人形遣いの辰松の結髪は人気となり辰松風髷《たつまつふうまげ》として武士や庶民に流行した。また、豊後節《ぶんごぶし》の祖の宮古路豊後掾《みやこじぶんごのじょう》の後頭部でまとめた髪をやや離して丁髷を高くし、その先端を後頭部におろした文金風髷《ぶんきんふうまげ》も流行した。

これらを基本として流行したのが本多髷《ほんだまげ》である。これは本多忠勝家中の武士が好んで結った髪形で、髷を前七分、後ろ三分に分け、紙捻《こよ》りで髷を七回巻くことが特徴で、中剃《なかぞ》りを広く剃って、髪の上縁《じょうへん》から中剃りが見えるようにゆるくまとめ、髷を梳《す》き、鬢髪を細くして鬢付油《びんつけあぶら》で固め、短い丁髷に仕立てた。繊細《せんさい》で粋な髪形なので五分下げ本多、金魚本多、丸髷《まるまげ》本多、疫病《やくびょう》本多、浪速《おおさか》本多、団七《だんしち》本多、令兄《わかさま》本多などさまざまな種類の本多髷が流行した。

このように本多髷だけでもさまざまな髪形がある。今日の映画やテレビの時代劇に見られる庶民は太くて長い髷、武士は細くて短い髷という通念は不正確であり、一つ結髪をとっても、それぞれの時代に応じたスタイルがあり、時代劇を創作する関係者や挿絵画家などは十分注意してもらいたいものである。

二つ折髷《まげ》

辰《たつ》松《まつ》風《ふう》髷《まげ》

文《ぶん》金《きん》風《ふう》髷《まげ》

本《ほん》多《だ》髷《まげ》

五分下げ本《ほん》多《だ》髷《まげ》

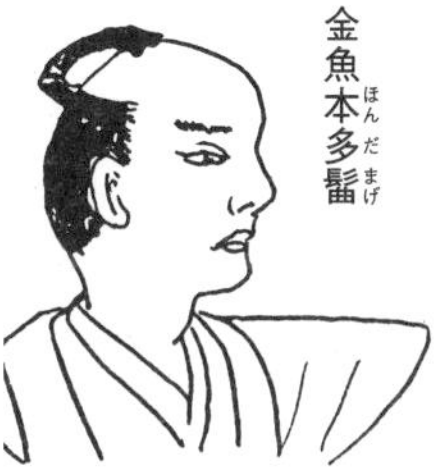

金魚本《ほん》多《だ》髷《まげ》

丸髷《まるまげ》本《ほん》多《だ》髷《まげ》

疫病《やくびょう》本《ほん》多《だ》髷《まげ》

浪速《おおさか》本《ほん》多《だ》髷《まげ》

団七《だんしち》本《ほん》多《だ》髷《まげ》

令兄《わかさま》本《ほん》多《だ》髷《まげ》

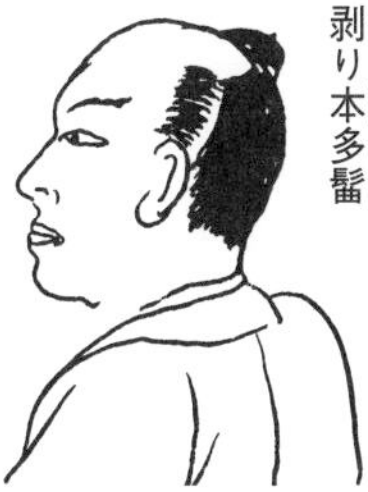

剃《めく》り本《ほん》多《だ》髷《まげ》

男の結髪《けっぱつ》――江戸中期㈡から後期

江戸中期の後半から武士の髷《まげ》は庶民よりやや長くなったが、まだ後頭部に二つ折にしてまとめるほどで、月代《さかやき》の上に乗るほどの長さではなかった。月代も武士は庶民より幅が狭くなっていった。また、武士の結髪は髱《たぼ》が庶民より平らであり、庶民はよりふっくらとしていたので、遠くからでも区別がついた。武家の少年の結髪は前髪があり、月代も半月形で、髷は太く根元を紙で巻き、折り曲げた髻《もとどり》の長さは月代に接するほどであった。庶民の少年も同様であるが、前髪を結んだ先端を丁髷《ちょんまげ》の方にもっていき一緒に結んだり、髱もふくらましていたので一見して区別がついた。またこの頃には鬢《びん》の横を剃る結髪が流行した。

江戸後期になると、小鬢《こびん》といって、鬢の両側を垂直に剃ることが武士や庶民に流行し、後頭部の髱を鬢付《びんつけ》油《あぶら》で固めて張出し、長い髷を月代の上に乗せるようになった。髷も武士は太く、庶民は髷の毛を梳《す》いて細目にした。今日の映画やテレビの時代劇で見る武士や庶民の結髪の多くは、初期・中期・後期を通してこの形式を用いているのである。つまり結髪の変遷を無視しているのである。

太めの髷先《まげさき》を平らにして中央で拡げた形を銀杏髷《いちょうまげ》といい、その髷先が割れているのが豪壮に見えるので俗に大銀杏《おおいちょう》といい、とくに武士に好まれた。この銀杏髷には総髪《そうはつ》銀杏（月代を剃らないもの）、浪人《ろうにん》銀杏（月代に短い毛が生えたもの）、小銀杏《こいちょう》（細目の髷。庶民や町奉行所同心《どうしん》の粋な結髪）、平《ひら》銀杏（刷毛先を低く潰《つぶ》したもの）、三角銀杏（髷の上部を三角にしたもの）、講武所《こうぶしょ》銀杏、相撲《すもう》銀杏、清元《きよもと》銀杏などさまざまあった。職人は刷毛先を散らして粋に見せたりした。江戸後期では庶民の老人の髷に限って丁髷《ちょんまげ》というようになった。

〈江戸中期(三)の結髪〉

宝暦(一七五一~六四年)頃の武士の髷《まげ》

町人の髷

天明(一七八一~八九年)頃の武士の髷

武家の少年の結髪

庶民の少年の結髪

横鬢《よこびん》を剃った結髪

〈江戸後期の結髪〉

武士は鬢の両側を垂直に剃り、髷が太くなる

武士は髷をさらに太くして月代の上に乗せる

庶民は鬢の両側を垂直に剃するが、髷は細い

大銀杏《おおいちょう》

小銀杏《こいちょう》

頭上の髷先を散らして粋に見せる職人

老人は総髪で髷を後に垂れる

女の結髪《けっぱつ》――江戸初期（一）

映画やテレビの時代劇や歴史小説の挿絵などでは、日本髪を結っていれば江戸時代の女性の髪形としているものが多いが、女性の結髪は、時代によって流行の髪形も多く、男性以上に変化に富んだものであった。

室町時代末期頃までの女性は、垂髪《すいはつ》（垂《た》らし髪《がみ》）や後頭部でまとめた束《たば》ね髪、布で髪をまとめたものが主流で、さほどの変化はなかった。女児は前髪をおかっぱ状に揃えた垂髪が多く、後髪を長くして背に垂らし四十～五十センチくらいに切り揃えたものを切禿《きりかぶろ》といった。

安土桃山時代頃から遊女や芸人が結った唐輪髷《からわまげ》が流行するようになった。これは束ね髪の変化したものであり、伝統的な結髪である総角《あげまき》や当時の武士の少年の髪形から考案されたものとされる。後頭部に束ねた髪を頭後上部に装飾的に結い上げ、その他の部位の髪を切り髪として変化をつけ、左右の髪も童女風に切り髪としたもので、とくに長い髪の結い方、束ね方に新機軸の道を開いた。また、『武者物語』に、井筒女之助という武士が、唐輪髷の中に攻撃用の針を隠していたという記述があり、当時の若い武士に、この唐輪髷に近い髪形もあったように思われる。この唐輪髷は江戸時代初期頃まで流行したが、異国風で派手であったため、武家や一般庶民の女性はまだ垂らし髪や束ね髪が主で、上流婦人は頭後の髪を元結《もとゆい》でまとめた切下げ髪の垂髪が多かった。江戸初期の武家や一般庶民の髪形としてこの唐輪髷を結ったら間違いである。

しかし、この唐輪髷は、江戸時代から今日まで日本独特の結髪法の基礎となるもので、その後にこの髪形の変化型である多くの結髪を生み、それにあわせた櫛《くし》や笄《こうがい》、簪《かんざし》などの多様な髪飾りも考案された。

〈江戸初期の結髪（一）〉

束ね髪

束ね髪

垂髪《すいはつ》（垂《た》らし髪《がみ》）

髪を背で丸く束ねて布で包む。ざくろ包みという

髪を後頭部でまとめて布を被せたもの

女児の垂髪

〈唐輪髷のヒントとなった少年の髪型〉

〈唐輪髷《からわまげ》〉

伝統的な垂髪《すいはつ》

伝統的な総角《あげまき》

月代《さかやき》の前髪を伸ばした「ちらし前髪」

前髪を左右に振り分けた少年の髪

女の結髪《けっぱつ》――江戸初期（二）

大宰春台《だざいしゅんだい》の『独語《どくご》』に、江戸初期から元結《もとゆい》は使われ始めたとあり、この元結で髪を結ぶことからさまざまな結髪法が考案された。また、髪を固め、芳香《ほうか》をもたせる伽羅油《きゃらあぶら》や髱差《たぼさ》しなどの髪飾りの普及で、さらに複雑な髪形も可能となっていった。

当時の女性の新しい髪形のほとんどは、客を魅了《みりょう》するためにさまざまな工夫をした遊女から生みだされた。全般的には前髪を立てて膨《ふく》らました吹前髪《ふきまえがみ》や鬢《びん》が髱《たぼ》と合体して後方に突出すような鷗髱《かもめづと》と呼ばれる結髪が普及し、大きな髷型に結った傾城髷《けいせいまげ》や、延宝（一六七三〜八一年）頃に、兵庫の遊女が考案したいう兵庫髷《ひょうごまげ》が流行した。これは唐輪髷《からわまげ》のように中央に束ね、鬢と髱をさらに伸ばした髪形で、粋であったが武家や庶民の女性には受け入れられなかった。これより前の承応・明暦（一六五二〜五八年）頃には、遊女勝山が結った派手な勝山髷《かつやままげ》が評判となり、その後の元禄期に遊女や芸人に流行した。

次に流行したのが島田髷《しまだまげ》で、長い髪の髱をだして、余りの髪を男の髷のように膨らませて結ったもので、東海道の島田宿の遊女が結い始めたものとされる。この島田髷がさまざまに変化し、江戸時代の女性の基本の髪形として定着していった。今日でも、島田髷の根を高くあげて結った高島田《たかしまだ》は花嫁の正装髪となっている。投島田《なげしまだ》（やつし島田）は江戸初期の遊女に流行した髪形である。また、大島田《おおしまだ》は江戸初期に流行したもので、後世には見られない。

江戸初期に限っても実にさまざまな結髪が流行しているので、その一部を左図に掲げるにとどめる。

〈江戸初期（二）の結髪〉

傾城髷《けいせいまげ》

兵庫髷《ひょうごまげ》

兵庫髷《ひょうごまげ》

結び立兵庫《たてひょうご》

勝山髷《かつやままげ》

島田髷《しまだまげ》

大島田《おおしまだ》

投島田《なげしまだ》

しめつけ島田《しまだ》

高島田《たかしまだ》

先笄《さきこうがい》

笄髷《こうがいまげ》

御所風《ごしょふう》

角《つの》ぐる髷

吹上《ふきあ》げ（遣手《やりて》の髪型）

女の結髪《けっぱつ》— 江戸中期

江戸時代中期になると、初期にあった垂髪《すいはつ》（垂らし髪）は髪を洗って乾かすときぐらいで、女性はほとんど結髪した。その結髪は兵庫髷《ひょうごまげ》、勝山髷《かつやままげ》から島田髷《しまだまげ》、丸髷《まるまげ》を主としたものに変化し、形も複雑化していった。女性の髪は前髪、鬢《びん》、髱《たぼ》に大別され、ときには頭頂を男性の月代《さかやき》のように小さく剃ることもあった。前髪の脹《ふく》らませ方や鬢と髱の張出《はりだ》し方でさまざまな結髪法が考案され、娘、主婦、老女などの違いも明瞭になってきた。また、鬢や髱は江戸初期ほどに誇張されなくなったが、鬢付《びんつけ》油で鬢を塗り固めたり、髱差《たぼさ》しや櫛《くし》、笄《こうがい》などさまざまな髪飾りを用いて美しい髪形が作られた。

女性は鏡台に据えた柄付《えつき》鏡を見ながら結髪し、女児は親に結ってもらった。とくに武家の女性は髪の乱れを不躾《ぶしつけ》としたので、寝るときは木枕を用いて結髪の崩れを防いだ。しかし、それでも髪形が乱れるので、夫の起きる前に髪を整えた。この頃には女性専門の髪結師もあらわれ、複雑な髪形は髪結師に結ってもらった。

この中期の結髪は、初期の兵庫髷、勝山髷、島田髷が主流であるが、その結髪のデザインは初期とは大きく異なるので、映画やテレビで演出する時は、時代と武士か庶民か、娘か主婦か、芸者かなど十分な考証が必要となる。日本髪だからといって安易に用いるのは大きな誤解を招くことになる。

〈女性の結髪の各部の名称〉

〈江戸中期の結髪〉

勝山髷《かつやままげ》

うつお兵庫《ひょうご》髷《まげ》

投島田《なげしまだ》（中期）

小まん島田

奴《やっこ》島田

腰折《こしおれ》島田

さえだ島田

先笄髷《さきこうがいまげ》

先笄髷

両手《りょうて》髷

片手髷

片髷

丸髷

うつしお先笄《さきこうがい》

釣船髷《つりぶねまげ》

女の結髪《けっぱつ》—江戸後期

江戸時代後期になると女性の結髪は未婚、既婚の別がより明瞭となり、島田髷《しまだまげ》は年若い女性や未婚の女性の結髪となり、丸髷《まるまげ》（楕円形でやや平たい髷をつけた結髪）は既婚女性の結髪と定まった。現代の日本髪もこの髪形を伝統として受け継いでいて、特別な行事などで和装するときは、この髪形の区別が守られている。

寛政（一七八九～一八〇一年）頃から左右の鬢に鯨鬚《くじらひげ》製の鬢差《びんさ》しを入れて張り出させた灯籠鬢《とうろうびん》がすたれたため、鬢差しがあまり用いられなくなった。この結髪は主に遊女や芸妓がするようになり、一般女性の結髪は鬢《びん》も髱《たぼ》も誇張的ではなくなり、その代わり髷《まげ》が大型化していった。兵庫髷《ひょうごまげ》は、一般に立《たて》兵庫と横兵庫があるが、後期には縦兵庫が流行し、遊女、特に花魁の特色となり、一般の武家や庶民の女性は結わなくなった。これは丸髷や島田髷より髷を拡げて蝶のような形にしたもので、江戸後期独特のものである。そのため、映画やテレビなどの時代劇で、江戸初期や中期のものとしてこの髪形がでてきたら間違いである。

幕末になると吉原の遊女は兵庫髷よりも唐人髷《とうじんまげ》を多く結った。これは中国の女性結髪を模倣したもので、一般女性もこれを真似してふくら雀《すずめ》という髪形が流行した。ただし、一般的な結髪は島田髷で、武家や庶民の娘は、髷をふっくらと高くした高島田《たかしまだ》にした。遊女や芸妓はこの髷を後方に張り出して頂上を平らにし、両鬢も張り出した。これが粋とされ、つぶし島田とよばれた。

このほかに、潮来髷《いたこまげ》、先稚児《さきちご》、勝山髷《かつやままげ》、吹く髷《まげ》、稚児髷《ちごまげ》、先笄《さきこうがい》、両手髷《りょうてまげ》、割唐子《わりからこ》、おたらい、中高年の女性が結った女夫髷《めおとまげ》、おしやこ、銀杏髷《いちょうまげ》などさまざまな結髪が流行した。

〈江戸後期の結髪〉

遊女の立兵庫《たてひょうご》
ふくら雀
唐人髷《とうじんまげ》
島田髷《しまだまげ》
高島田《たかしまだ》
つぶし島田《しまだ》
潮来髷《いたこまげ》
先稚児《さきちご》
勝山髷《かつやままげ》
吹く髷《まげ》
稚児髷《ちごまげ》
先笄《さきこうがい》
両手髷《りょうてまげ》
割唐子《わりからこ》
おたらい
女夫髷《めおとまげ》
おしゃこ
銀杏髷《いちょうまげ》

女の結髪《けっぱつ》――島田髷《しまだまげ》の変遷

島田髷は江戸時代に定着した未婚の成人女性の髪形であるが、身分や職業などによってもさまざまに変遷してきた。たとえば、遊客相手の女性も島田髷であるが、一般庶民の女性より粋に結ったので、髪形からもその職業が判断できた。宝暦（一七五一～六四年）頃の島田髷は、髷を誇張したり、髱《たぼ》を後へ長くする特徴があった。安永（一七七二～八一年）頃には島田髷の髪の余りを笄《こうがい》に巻き付けた島田崩《くず》しという変化形や、髷に多くの装飾をつけた「じびたいはぶたい」、髷を大きく後にだした島田髷などが京や大坂で流行した。

このほか京・大坂では奴髷《やっこまげ》（髷の根を高くした島田髷。小万《こまん》島田も同じ髪形）が流行したが、これは江戸でいう高島田《たかしまだ》であり、正装したときに結った。また芸妓もこの髪形を結った。現代でも結婚式で新婦が結う髪形である。

また、島田髷は鬢《びん》を強く張出すために、結髪の下に鬢張《びんは》りといって鼈甲《べっこう》や銀の針金を用いたりした。さらに、前髪を前に張出すために銀の針金などで「髱入《つとい》れ」（髱差《たぼさ》しともいい、髱《たぼ》の中に入れて髪を張出させる道具。もと鯨鬚《くじらひげ》で銀杏《いちょう》の葉形の薄板状に作ったが、のちにさまざまな形が考案された）を用いて髪形の崩れを防いだり、笄《こうがい》に巻き付けて丸輪を作ったり、結髪の補助用具もさまざまに開発された。

喪中のときなどは、後家島田《ごけしまだ》といって笄や簪《かんざし》を使用しないで、櫛《くし》だけを挿し、島田髷の元結《もとゆい》の上を白のしごき紙で結んだ地味な島田もある。この後家島田は元来は未亡人の髪形であった。また、これとは逆にはでな前笄髷《まえこうがいまげ》や片笄髷《かたこうがいまげ》、両輪髷《もろわまげ》なども結われた。

〈島《しま》田《だ》髷《まげ》の変遷〉

島田髷

島田崩し

じびたいはぶたい

奴《やっこ》髷《まげ》

両《もろ》輪《わ》髷《まげ》

片笄《かたこうがい》髷《まげ》

後《ご》家《け》島田

女の結髪《けっぱつ》――丸髷《まるまげ》の変遷

天明（一七八一～八九年）頃に丸髷《まるまげ》が既婚女性の結髪となり、寛政（一七八九～一八〇一年）末期には、髷を頭上で大きく結った丸髷が庶民の婦人に流行した。文化（一八〇四～一八年）頃にはさらに大型の丸髷が流行し、芝居の女形で世話女房などがかぶる世話丸髷《せわまるまげ》が流行した。天保（一八三〇～四四年）頃には江戸では、背後に長く髱《たぼ》と髷《まげ》を押出した誇張ぎみの丸髷が流行し、未亡人まで丸髷を結った。髻《もとどり》の髪で纏《まと》めて隠し、髪飾りは笄《こうがい》や櫛《くし》を使いあまり飾りたてなかった。江戸の女性は、前髪留《まえがみどめ》という、小さい櫛《くし》を挿した丸髷を結った。

そして髷《まげ》の下の頭頂に丸く中剃り（月代のように小さく丸く髪の毛を剃ること）を設け、そこに小枕《こまくら》を置いて、それを髪の毛で囲んで結った。この小枕とは、髢《かもじ》（婦人の髪に添え加える髪。そえがみ。いれがみともいう）の根につけて自分の髪の毛と合わせて髷《まげ》をつくるもので、固く束ねた紙や黄楊《つげ》、桐《きり》などを紺紙またはは紫絹で包んだ円筒状のもので、これを中剃《なかぞ》りにあてて、髷の根を高く見せた。この頃から女性の結髪には中剃りをすることが多くなった。

また髷入《まげい》れといって、髪にふくらみを持たせるために、紺の厚紙や薄板に綿を添えて、さらに髷毛を包んで形を整えたものを使った。さらに楕円形の鉄線に綿を入れてふくらませたものを黒木綿で縫い包んだ綿巻きの髷となる髱差《たぼさ》しを入れ、その上に髪の毛をかぶせて髱《たぼ》のふくらみを保った。よりふくらみを持たせた髪形の一つに長船《おさふね》がある。このように結髪の補助用具が多く考案された。

〈丸髷《まるまげ》の変遷〉

天保（一八三〇～四四）頃の前髪

嘉永（一八四八～五四）頃の前髪

安政（一八五四～六〇）頃の前髪

小枕《こまくら》

髷《まげ》入れ髱《たぼ》差《さ》し

長船《おさふね》

髷《まげ》形の芯（金具）

髱《たぼ》差《さ》し

前髪留めの丸髷

綿巻きの髷

江戸時代の男の子の元服《げんぷく》までの結髪《けっぱつ》

江戸時代の男の子の結髪も、江戸や大坂、江戸初期・中期・後期で変化があったが、ここでは概略だけを述べる。江戸時代には、子供が生まれると、武家・庶民ともに出産の七日目（お七夜《しちや》）になると、百会《びゃくえ》といって頭の産毛《うぶげ》を剃り、頭頂だけを丸く毛を剃り残した。これを芥子坊《けしぼう》といい、江戸では「おけし」といった。また後頭部の盆《ぼん》の窪《くぼ》のあたりの毛だけを剃り残すこともあり、これを盆の窪、または権兵衛《ごんべい》という。少し月日が経つと、両耳の上の毛を残して頭を剃り、これを「奴《やっこ》」という。二、三歳ぐらいになるとふたたび芥子の部分を生やして頭上の毛を丸く剃り残し、中央をまとめて元結《もとゆい》で結んで、小さい髷《まげ》を作った。これも芥子坊という。七、八歳になると前髪の上だけを剃り、そのほかを垂らし髪にした。これを「喝僧《がっそう》」という。これは、喝食《かつじき》と呼ばれた禅家の僧侶とそれに仕える子供の髪形に似ていることが由来とされる。

八、九歳頃になると、前額部と周辺部をまとめて元結で結び、前髪の後だけを剃って後頭部に髪を集めて小さな髷を作った。この下撫髪《したなでがみ》を俗に角大師《つのだいし》といった。これ以降は前髪を残して月代《さかやき》を剃り、髷につなげて結んだりし、いわゆる前髪姿の少年となる。この前髪姿も、髱《たぼ》をふくらますところは共通であるが、武家の少年は月代の幅が狭く、庶民の少年は幅が広い。また、京や大坂では前髪を結んだ先と髷を幅広の元結いを用い一か所で結んだ。江戸では前髪も髷を重ねて二か所を元結いで結んだ。

十四、五歳頃になると額から両髪の生え際をほぼ水平、垂直に剃った。これを角前髪《つのまえがみ》または半元服《はんげんぷく》という。映画やテレビなどの時代劇ではこの角前髪を明瞭に表現していないことが多い。

〈江戸時代の男の子の結髪〉

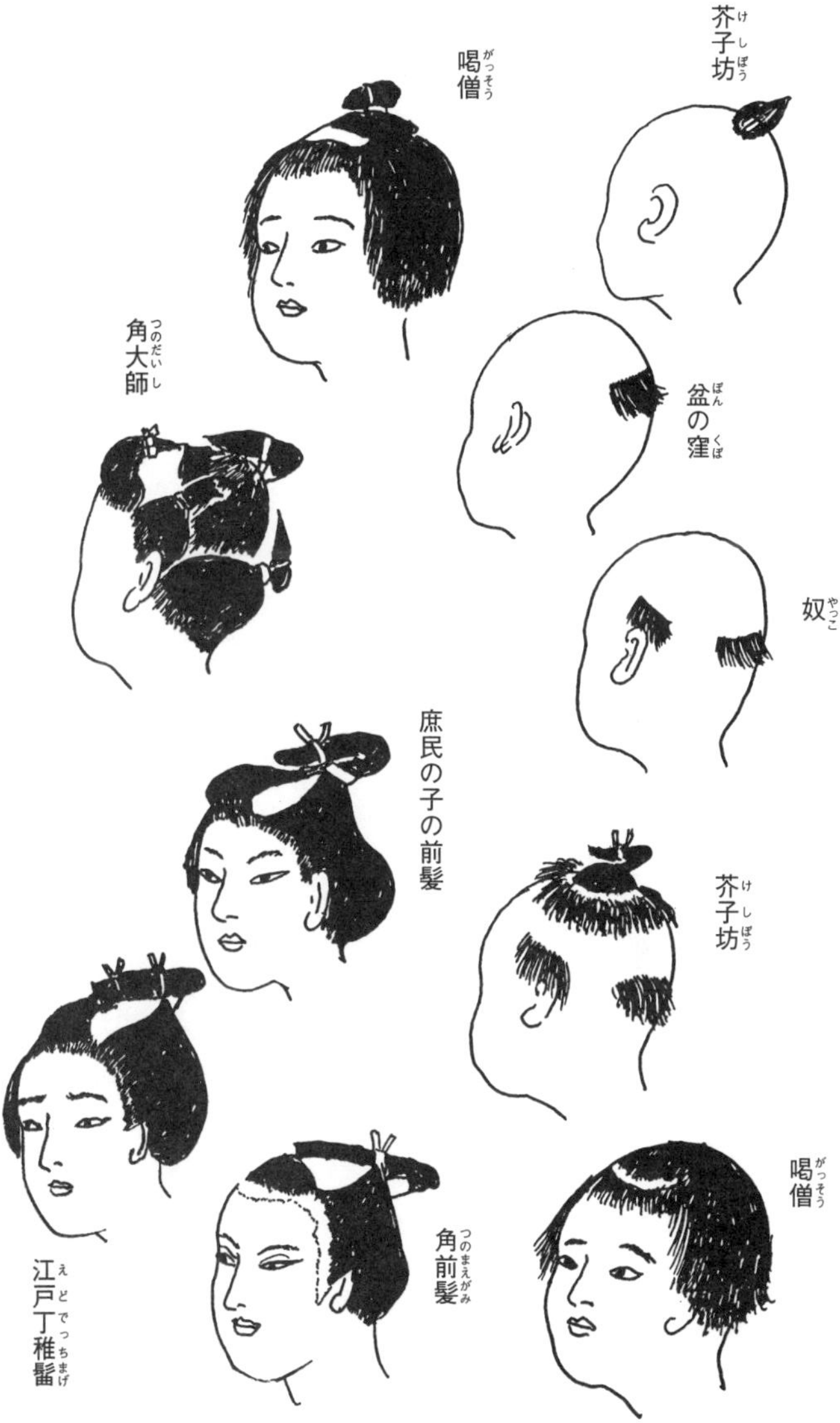

江戸時代の女の子の成人までの結髪《けっぱつ》

江戸時代の女の子は生まれてから七日目（お七夜《しちや》）に産毛《うぶげ》を剃り、後頭部に僅《わず》かだけ毛を残した。これを江戸では「権兵衛《ごんべえ》」、京・大坂では「盆の窪《ぼんのくぼ》」といい、まれに「八兵衛《はちべえ》」「爺っ毛《じじっけ》」ともいった。つぎに頭頂部（百会《びゃくえ》）の毛を丸く剃り残した芥子坊主《けしぼうず》（または芥子坊、芥子）となる。

三歳頃になると髪置《かみおき》といって、後頭部と耳の上、頭頂部の髪を残して剃る。これを「奴《やっこ》」といい、このあたりまでは前項の男の子とほぼ同様である。四、五歳で頭頂両脇と前額部の毛を残して剃る。これを唐子《からこ》といい、江戸では「ちゃんちゃん」といった。それからは、髪を剃らないで伸ばすので、全体に毛を生やした芥子坊主となり、前髪の中央で元結《もとゆい》で縛り、その先を左右にわける。これを芥子坊主の銀杏髷《いちょうまげ》という。七、八歳になると眉毛を剃り、銀杏髷として前髪を残して他の部分を後頭部にまとめ、元結で結んで丸める。これを少女の銀杏髷という。

十二、三歳ぐらいになると髪の毛をすべて後頭部にまとめて、各部の毛にふくらみをもたせて頭上で丸くまとめ簪《かんざし》を用いて銀杏崩《いちょうくず》しにした。ただし、このときは元結ではなく銀紙を用いた。

十四、五歳以上になると、島田髷《しまだまげ》に結った。天保（一八三〇～四四年）頃から髷を高く盛上げた高島田《たかしまだ》や、髷を低くして後方に突出した「つぶし島田」など、さまざまな形式の島田髷が結われた。この島田髷は未婚の女性の結髪であり、結婚すると丸髷《まるまげ》となった。映画やテレビなどの時代劇で見られる女性の髪形のほとんどはこの島田髷であり、時代に応じた結髪となっていないのは、まことに残念である。

〈江戸時代の女の子の成人までの結髪〉

江戸の男の帯は博多帯《はかたおび》？

喜田川守貞の著した『近世風俗史（原題「守貞漫稿《もりさだまんこう》」）』には「古帯の製男女の差別なく、又今製の如く男用も帯幅に織成の物なく、広幅の織物を裁《た》ちて帯とす」とあるように、江戸時代の帯はただ紐のように細いものではなかったことは事実のようだが、俗にいう博多帯という平織《ひらお》りの帯が流行したのは江戸時代に入ってからである。博多織りは絹鳴りのする光沢を持った上質の織物で、「博多献上」と呼ばれ、毎年三月に帯地が、十月には袴《はかま》地《じ》が将軍に献上された。

この博多帯は長さ一丈（約三メートル）、幅一寸八分〜二寸（約五・四〜九センチ）で、帯の中央に連続模様を織り出したもので、白地、浅葱《あさぎ》地《じ》、茶地に、紺か黒で連続模様としたものを独鈷《とっこ》（仏具の独鈷・三鈷・五鈷に似ているところからの名称。ともに密教で煩悩を破砕し菩提心を表す金属製の法具）の帯といった。時代の流行によって幅などが変化したが、武士も庶民も子供もこの帯を締めるほどに広まった。

本場の博多帯は本博多帯と呼ばれて一本一両二分くらいの高価格であったので、甲州（山梨県）、上野《こうずけ》（群馬県）などで模造品がつくられたが、それでも一本が三分（一両の四分の三）から一分ほどした。

とくに武士は袴を締めるのに具合が良く好んで用いた。結び方はこの帯を三回りして締め、その両端を「貝の口結び」「神田結び」「竪《たて》結び（駒下駄《こまげた》結び）」などの結び方で締めた。武士は竪結びを好み、庶民は神田結びを好んで用いた。また、武家奉公人や職人などは三尺（約一メートル）の帯を腰に巻き結んだ。鳶《とび》の者は上等の衣服の場合にもこの三尺帯を用い、旅に行く者は博多帯の上にさらに三尺帯を結ぶこともあった。

博多織の博多帯の模様

貝の口

神田結び

竪結《たてむす》び（駒下駄結び）の武士

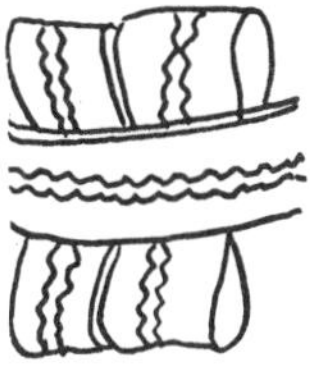

駒下駄結び

貝の口

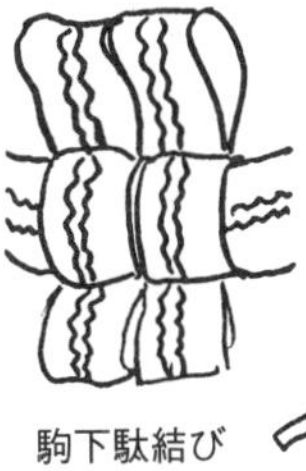

駒下駄結び

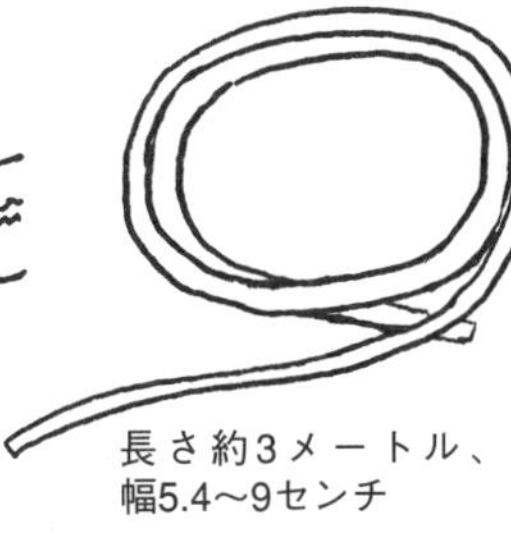

長さ約3メートル、
幅5.4～9センチ

手拭《てぬぐ》いの頬被《ほっかむ》りの妙技

江戸の庶民は月代《さかやき》に日があたるのを防ぐため、暑さ寒さや埃《ほこり》から髪や顔を守るため、また他人に顔を知られないようにするために手拭いで頬被《ほっかむ》りをした。裕福な商人は頭巾《ずきん》をかぶったが、職人は手拭《てぬぐ》いを二つ折りにして腰帯に挟み込み、庶民は今日のハンカチ代わりにたたんで懐中に入れた。手拭いは晒《さら》し木綿で浅葱《あさぎ》色の模様か、豆絞り模様のあるものが多く、ある程度その模様やかぶり方で職業が判断できた。

髪の毛の汚れを防ぐときや寒いときは、頭上の月代を中心として顎《あご》の下に回して、右か左の横頬でひと結びして、余りを手拭いに捩《ね》じ込む。これは庶民がよくするかぶり方で、服装によっては粋《いき》に見えた。また、職人や鳶《とび》の者は、粋に見せるために鼻の下で結んだ。

月代が日に照らされて暑かったり、寒風をさけるときは、手拭いを額を中央として髷《まげ》までかぶせた。これを「大臣被り」という。また、米屋ではよく糠《ぬか》が飛ぶところから「米屋被り」といって、手拭いの中央を額にあて、左右を頭上で重ねて、手拭いの両端を前額部の折り返しに挟み込むかぶり方と両端を前額部に内折りにしてかぶせる仕方をした。

「喧嘩《けんか》被り」という威勢の良いかぶり方もあり、これは手拭いを二つ折りにして髷の根元に結ぶもので、ときには綿を水に濡らして手拭いに挟み込んだ。女性も夜鷹《よたか》（夜間に路傍で客をひいた下級の売春婦）は、手拭いを髪の毛の上からかぶり、両端または片端を口にくわえた。また、庶民の女性は「姉さん被り」といって掃除などで埃がつくことを防ぐために手拭いを髪に巻いて、余りを前方にかぶせた。

〈頬被《ほっかむ》りのいろいろ〉

鼻の上で結ぶ頬被り

一般的な右頬
結びの頬被り

一般的な左頬
結びの頬被り

米屋被りの一種

米屋被り

大臣被り

姉さん被り

夜鷹《よたか》被り

喧嘩被り

頭巾《ずきん》か、はてまた覆面《ふくめん》か？

江戸時代には、暑さや寒さ、埃《ほこり》などを防ぐために一般庶民は手拭《てぬぐ》いで頬被《ほっかむ》りをしたが、裕福な者や武士は頭巾をかぶった。上端の両側に角があるものを「角頭巾《すみずきん》」といい、桃山時代から流行したと見えて、兜鉢《かぶとばち》にも似たものがある。向背部に垂れのあるものが「錣《しころ》頭巾」で、「錣付き角頭巾」という。これは老人や乞食僧などがかぶった。「丸《まる》頭巾」は老人が襟の寒さ防ぎのために良く用いたものであるが、なかには目鼻の部分だけあけ、縮緬《ちりめん》などで垂《た》れを付けた「錣《しころ》付《つ》き丸頭巾」「錣《しころ》長《なが》丸頭巾」があり、武士や庶民が顔を隠すときに用いた。火消しが用いた「猫頭巾」は錣を刺子《さしこ》の袷《あわせ》にして、前までまわるぐらいに長くしたもので、背から顎下までを覆った。鷹匠《たかじょう》や山家暮らしのものが苧《からむし》（イラクサ科の多年草）で編んで二つ折りにしたのが「苧屑《ほくそ》頭巾」で、これに似た布製のものもあり、目の部分だけを網状にして透かして見えるようにしたものもあった。また、目の部分だけをあけて額の両端に小吹返し状の装飾を付けたものを「気侭《きまま》頭巾」と呼んだ。

二つ折りに後部を縫い合わせたような縮緬《ちりめん》製のものが「頬被り頭巾」で、一種の覆面《ふくめん》である。「宗十郎頭巾」は両頬を包んで顎のあたりで結ぶ。前端を鼻の下で交叉させて頭後で結び、頭巾の先端を前に伏せ重ねて、角を額《ひたい》際《ぎわ》に内側に挟み込み、覆面代わりにも用いた。武士が良く用いた。「山岡頭巾」は黒または茶色の袷製で、二つ折りにして背後を三角布でふさぎ、両頬の内側部分に紐を付けて用いた。一種の防寒頭巾である。

映画やテレビの時代劇で、江戸で商人などがこの頭巾をしている場面を見ることがあるが、京坂ではこの「宗十郎頭巾」と「山岡頭巾」は武士も庶民も用いたが、江戸では禁じられていた。

〈頭巾《ずきん》のいろいろ〉

錣《しころ》付《つ》き丸頭巾

錣《しころ》頭巾

角《すみ》頭巾

苧屑《ほくそ》頭巾

猫頭巾

錣長丸《しころながまる》頭巾

頬被《ほっかむ》り頭巾

気侭《きまま》頭巾

気侭《きまま》頭巾

山岡頭巾

宗十郎頭巾

頬被《ほっかむ》り頭巾

死者になぜ三角の額帽子《ひたいぼうし》をかぶせたのか？

三角の額帽子《ひたいぼうし》は、もとは平安時代の子供の遊びの風習で、男の子が烏帽子《えぼし》や侍烏帽子を真似たもので、烏帽子を正面から見ると三角形に見えるので、黒い紙で三角にしたものを作り、大人の正装である黒漆塗りの烏帽子を真似して額につけたものである。これは『年中行事絵巻』にも描かれている。その風習がいつごろまで続いたのかは不明だが、江戸時代になると、白い紙が清浄を意味するためか、黒紙から白紙となり死者を葬るときには、白紙で三角の帽子形を作って、額に当てて棺桶《かんおけ》に入れるようになった。

江戸時代には、人が亡くなると、白衣の経帷子《きょうかたびら》に着替えさせて北枕にして安置した。これは「あの世」に無事に旅立たせるという意味である。そして死者の胸のあたりに霊の侵入を防ぐための短刀が置かれ、枕もとに机を据えて線香をあげ、死者の後方には逆さ屛風《びょうぶ》を立てた。これは不幸のしるしであった。死者が着替える白衣の経帷子には、僧侶によって供養の梵字《ぼんじ》が書かれた。これが死者の正装であったことを考え合わせると、おそらく、往時の正装である烏帽子をつけてあげることが風習として定着したものと考えられる。この白紙の三角の額帽子は男女の区別なくつけられた。子供の遊びの風習が、死人に対する礼儀として死出の正装の一部となったといって良いと思う。

今日では廃《すた》れつつある風習であるが、江戸時代までは死者にはほとんどこの三角の額帽子をかぶせた。そのため映画や芝居などでも、死者となり幽霊となった表現のため、白衣に白紙の三角の額帽子をつけることが定式化したのである。

死者には供養の梵字を書いた白衣の経帷子《きょうかたびら》を着せた。後ろは逆さ屏風

黒紙製の三角の額帽子《ひたいぼうし》

三角の額帽子をつけて遊ぶ平安時代の男の子

三角の額帽子は、平安時代の正装である烏帽子《えぼし》を子供が真似たものであった

白紙の三角の額帽子は幽霊であることの定番となった

死者は白紙の三角の額帽子をかぶせて棺桶に入れて土葬または火葬にした

江戸時代の武士や庶民は大手《おおで》を振って歩かなかった！

江戸時代の武士や庶民は、左右の手を大きく振っては歩かなかった。左右の手を交互に大きく振って歩くようになったのは、明治以降の洋式軍隊や文明開化で普及した西洋風の歩き方と小学校の体育教育の歩き方が一般に普及したからである。

江戸時代の武士は敵に襲われたときに、右手をすぐに刀の柄《つか》にかけ抜刀できるように、左右の手をあまり前後には振らなかった。刀を抜くときは左手で鯉口《こいくち》（刀の鞘口）近くの鞘《さや》を握り、右手で柄を掴《つか》んで鍔《つば》の端を左の親指で押す。この動作を瞬時に行うために、手の動きはなるべく少なくしていたのである。「大手を振って歩く」という威張った表現は往時は通用しなかった。やくざや職人が喧嘩《けんか》を吹っ掛けるときには大手を振ったであろうが、心得ある武士は大手を振っては歩かなかった。歩き方も静かに交互に移す感じであった。ただし敵を攻撃するときは大きく跳躍して戦闘態勢をとった。

また、商人は揉《も》み手《て》をする癖《くせ》があるので、両手を腹のあたりにして歩いた。女性も着物姿なので、歩くときは手で褄《つま》を取るため手は前方になり、足も大股にはできないので、摺《す》り足に近い歩き方であった。やくざは胸を反らして懐手《ふところで》をし、庶民も真似をすることがあったが、武士は寒くても懐手はしなかった。映画やテレビの時代劇で、武士が半開きにした扇子を右手で口のあたりに持っていって謡《うた》いながら、左手を懐手をしている場面を見かけるが、武士はそのような不心得ことは決してしなかった。武士はいつでも戦闘態勢をとることができるように、手に力を入れて一歩一歩しっかりと足裏を踏みしめて歩いたのである。

一歩一歩しっかりと踏みしめながら、静かに両足を交互に移す感じで歩いた

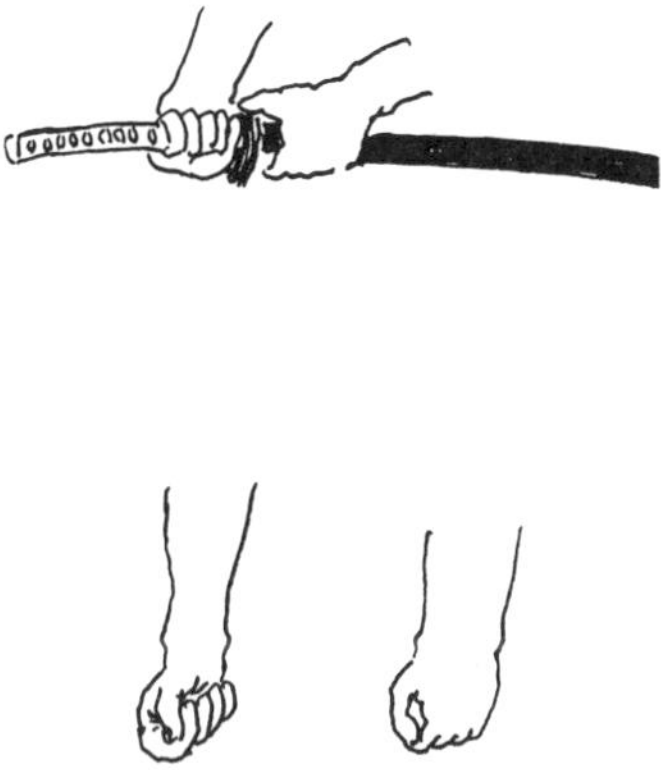

武士は敵に襲われたとき、左手で刀の鞘を握り、右手ですぐに抜刀できるように大手を振らないで歩いた

やくざや町人は戦闘態勢に対する心得がないので油断だらけな歩き方であった

武士は片手に物を持っていても、もう一つの手はすぐに戦闘態勢がとれるように下げ気味にしている

女性の呼び方は身分と年齢で違った！

江戸時代は階級社会であり、女性の呼び方一つをとっても武家や庶民で異なった。呼び方そのものが身分制度を反映していた。将軍の正妻は「御台所《みだいどころ》（略して御台様《みだいさま》）」、御三家御三卿の妻は「御簾中《ごれんじゅう》」、大名・高家《こうけ》・御目見《おめみえ》以上の武士の妻は「奥方様《おくがたさま》（略して奥様）」「御内室様」、御目見以下や大名家の足軽級の妻は「御《ご》新造《しんぞう》」、その下の最下底の武士の妻は町人並に「御内儀《ごないぎ》」といった。御目見以下の武家では、祖父母は「御祖父」「御祖母」といい、息子は「御令息《ごれいそく》」「御子息《ごしそく》」、娘は「御令嬢《ごれいじょう》」「御娘御《ごむすめご》」などと呼んだ。

ただし、御目見以下でも町奉行所与力の妻は町人たちから「奥様」と呼ばれた。与力が「旦那」であるので、「奥様あって殿様無し」と八丁堀の七不思議にされた。これは与力が仕事がら家を不在にすることが多く、町人が相談事があって与力の家に出向いたときには、与力の妻が応対にでて用向きを聞いたので、庶民が敬愛の気持ちを込めて呼んだためである。

庶民は他人の夫を「御亭主（略して御亭）」と呼び、妻を「御内儀」と呼んだ。「おかみさん」とも呼んだ。これは女房を「山の神」とあだ名したことからきた略称である。さらにこれを略して「かみさん」「おっかあ」「かかあ」などといった。娘は「お嬢さん」略して「お嬢」、息子は「御子息」、乱暴に「餓鬼《がき》」ともいった。祖父母は「爺様」「婆様」「爺さん」「婆さん」、さらに下賤に略して「じじい」「ばばあ」といった。やくざは親分の妻を「姉御《あねご》」といった。地域によっても呼び方に変化があり、独特な方言的な呼称もあるが、現在でも引き続き使われている呼称もあり興味深い。

〈江戸時代の女性の呼び方〉

将軍の正妻は御台所《みだいどころ》

大名・高家・御目見以上の武士の妻は奥方様、御内室様

大名・高家・御目見以上の武士の妻の奥方様の呼称は略して「奥様」といった

御目見以下の武士の妻は御新造《ごしんぞう》、最下層の武士の妻は町人並に御内儀《ごないぎ》といった

一般庶民の妻は御内儀《ごないぎ》といい、さらに下賤に略して「かみさん」「おっかあ」「かかあ」などと呼んだ

江戸時代の人妻《ひとづま》は眉《まゆ》を剃《そ》り、お歯黒《はぐろ》をつけていたことを知っていますか

江戸時代の武家や庶民の人妻は、かならず眉を剃ってお歯黒（鉄漿《かね》）をつけた。しかし映画やテレビの時代劇に登場する人妻は、女優が嫌がるせいか、眉もあり歯も白い。歯を真っ黒に塗ると視聴者に気味悪く取られたり、実際に眉毛を剃ると、撮影が終わってから女優が困るため、時代考証役も許容した結果であるかと思われるが、これは史実や時代を正確に再現するというリアリズムからすると虚構であるので、原作者や監督は再検討してもよいのではないかと思う。

江戸時代では、眉とお歯黒の二点で既婚か未婚かの別がわかったのである。この二つの風習は平安時代にさかのぼり、平安貴族は眉を剃り、代わりに青黛《せいたい》（青黒黛《あおぐろまゆずみ》）を塗り、お歯黒を染めた。染めない下級者を白歯者《しろはもの》（青歯者《あおはもの》）といって卑しんだ。武家社会となり男性はこれを行わなくなったが、女性のしるしとして続けられた。江戸時代には当初は「十三ガネ」といって女性が成人したときからお歯黒をつけ、青黛とするようになったが、しだいに年齢が高くなり、十六ガネ、十八ガネとなり、やがて既婚者のしるしとなった。そして青黛は幕府に仕える女官や身分の高い武家の妻女が行い、一般武士や庶民の妻女は単に眉毛を剃るだけになった。裏長屋の貧しいおかみさんでもお歯黒を染め、眉毛を剃ったのである。

お歯黒は、まず鉄片を茶汁または酒や酢の中に浸す。すると酸化して褐色・悪臭の液《かね》となる。五倍子《ふし》の粉を柳楊枝《やなぎようじ》につけて、真鍮《しんちゅう》の板の上でこの液を加えて練ったものを歯に塗ると黒く染まった。これがお歯黒である。庶民の女性は人妻となると丸髷《まるまげ》に結って眉を剃り、お歯黒を染めるのが一般的であった。

平安時代から室町時代までは主童《こわらわ》も青黛を塗った

毎日、木の端を砕いて刷毛状にして、それにお歯黒をつけて歯を染める

丸髷にお歯黒の庶民の妻

江戸の食卓は一人一膳《ひとりいちぜん》

今日では、家族が食事をするときはテーブルや飯台を囲むが、江戸時代までは一人一膳で、家族の数だけ小さい膳があり、武家も庶民もこれを並べて食事をした。つまり一人ずつに小さい脚付き膳があり、そこに飯茶碗、汁碗、魚（肴）物、漬物などの容器を並べた。これは枠付きの盆に蝶足《ちょうあし》か猫足《ねこあし》が付いたもので、上等の膳は漆塗りで装飾がほどこされたものがあった。料理店でも同様で一人ずつの脚付き膳が用いられた。脚付き膳にはいろいろな種類があり、「蝶足膳《ちょうあしぜん》」は黒漆塗りで角取《かどと》り、脚は刳《く》られている。主に婚礼などの祝い用に用いられた。「宗和膳《そうわぜん》」は本膳ともいい、黒漆塗りで猫足である。「中足膳《なかあしぜん》」は本膳に添えものをだすときの膳で、脚は低く猫足のため「猫足膳《ねこあしぜん》」と通称された。また、身分が高い者が用いたものには梨子地《なしじ》金蒔絵《きんまきえ》など豪華な装飾がほどこされたものもあり、これを「懸盤《かけばん》」といった。

客をもてなすときは、一の膳、二の膳、三の膳など複数の膳に多種類の料理をだした。上等の膳を本膳といい、膳の内側は朱漆塗りで、外側は黒漆塗りであった。

商店などの使用人の多いところでは、「箱膳《はこぜん》」といって、蓋《ふた》付きの箱状の膳で、蓋を逆さにして膳とした。箱の中には飯茶碗、汁碗、皿などが納められ、食事が済むと洗った食器はふたたびその箱に納められた。商店の家族は座敷にこの箱膳を並べて、主人以下家族が食事をし、使用人は板の間で番頭、手代、丁稚《でっち》の順に並んで食事をした。使用人は飯茶碗、汁碗に湯を入れて掻き回して洗い、それを箱に入れて蓋をした。その箱は台所の隅などに積み重ねて置いた。これを一名「折助膳《おりすけぜん》」ともいった。また、箱膳を飯台ともいった。

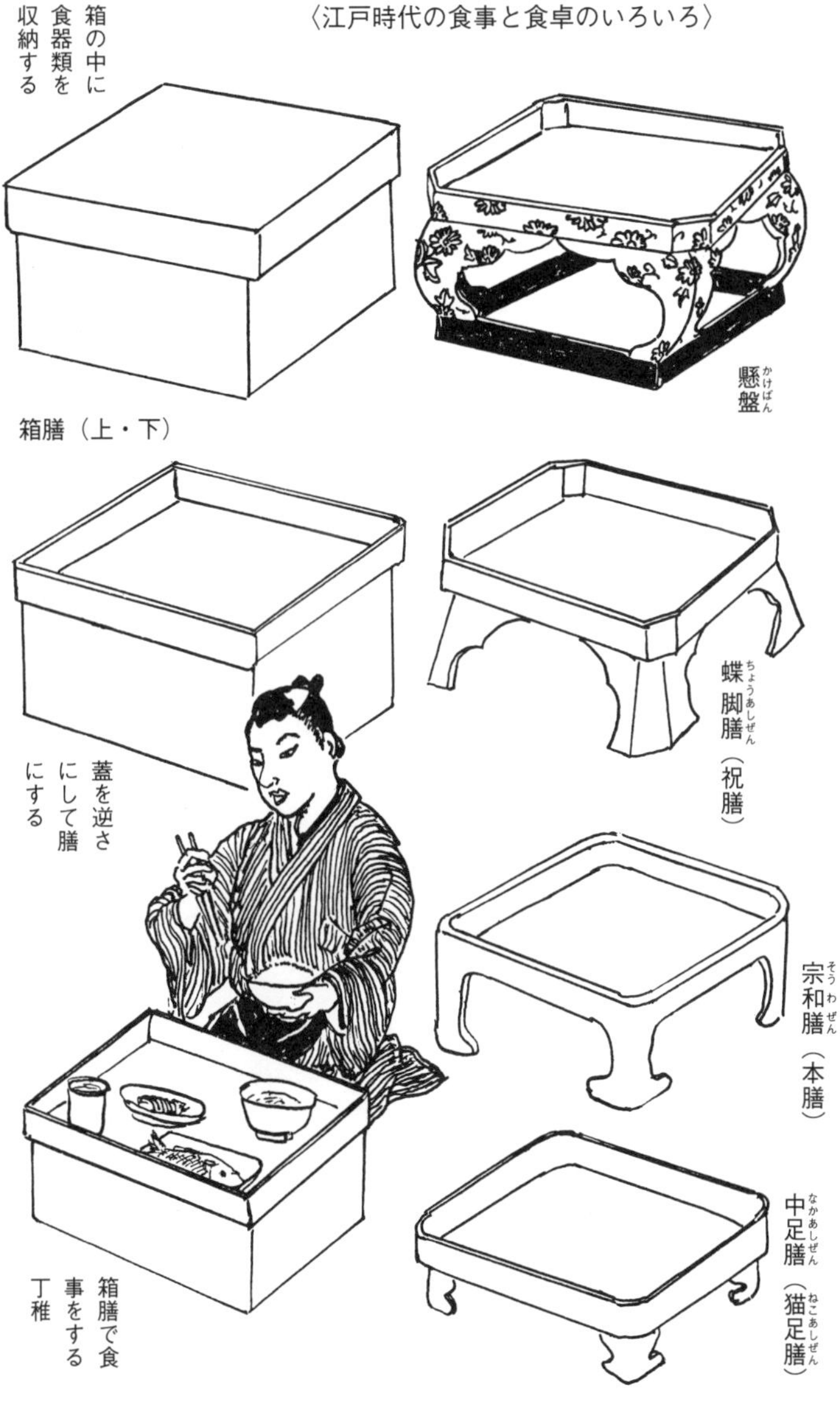
〈江戸時代の食事と食卓のいろいろ〉
箱の中に食器類を収納する
懸盤《かけばん》
箱膳（上・下）
蓋を逆さにして膳にする
蝶脚膳《ちょうあしぜん》（祝膳）
宗和膳《そうわぜん》（本膳）
箱膳で食事をする丁稚
中足膳《なかあしぜん》（猫足膳《ねこあしぜん》）

江戸、大坂では荷車《にぐるま》の形が違っていた！

今日では、トラックという荷運《にはこ》び専用の自動車があるが、江戸時代から昭和前半頃までは二輪の荷車にたくさんの荷を積んで人力で牽《ひ》いて運ぶことが多かった。俗にこれを「代八車《だいはちぐるま》」といった。これは八人が荷物を運搬する重さを一人の力で運べることから代八車といい、後に「大八車」と呼ばれるようになった。

この大八車は現在ではほとんど用いられず、郷土資料館などに収蔵されている程度であるが、これも江戸と大坂では台や車輪などの構造が異なり、外見からも区別がついた。映画やテレビの時代劇には、この大八車がよく登場するが、私の見ているかぎりでは、この区別まではなく、今日の専門家もそこまでは考証をしていないらしい。

江戸時代は、荷物を運ぶのに二夫で大八車を牽き、後押しの車夫が「えん、ほんほん」と掛け声をかけた。江戸の大八車は、荷台が十二本の簀子《すのこ》状となっていたが、大坂は板を縦にならべた。また、江戸の大八車は荷台の両端の枠が前に長く伸びて、先端には牽手《ひきて》があり、これを押しながら前に前進する。この牽手を船の呼称に準じて楫《かじ》と呼んだ。江戸の大八車の車輪は、羽が七枚、それを矢（心棒から車輪をつなぐ木の棒）でつないでいたが、大坂では矢は関西板で作られ、所有者の町名・屋号が墨で書かれ、町奉行所に登録されたというしるしの「大坂改《おおさかあらため》」の焼印が捺《お》されている。この大八車は俗に「べかぐるま」と呼ばれた。

このように大八車の構造によっても地域差があり、地域を舞台とした時代劇を演出する上でも重要な要素なので、時代考証家もさらに正確な指導をする必要があると思う。

〈江戸の大八車〉

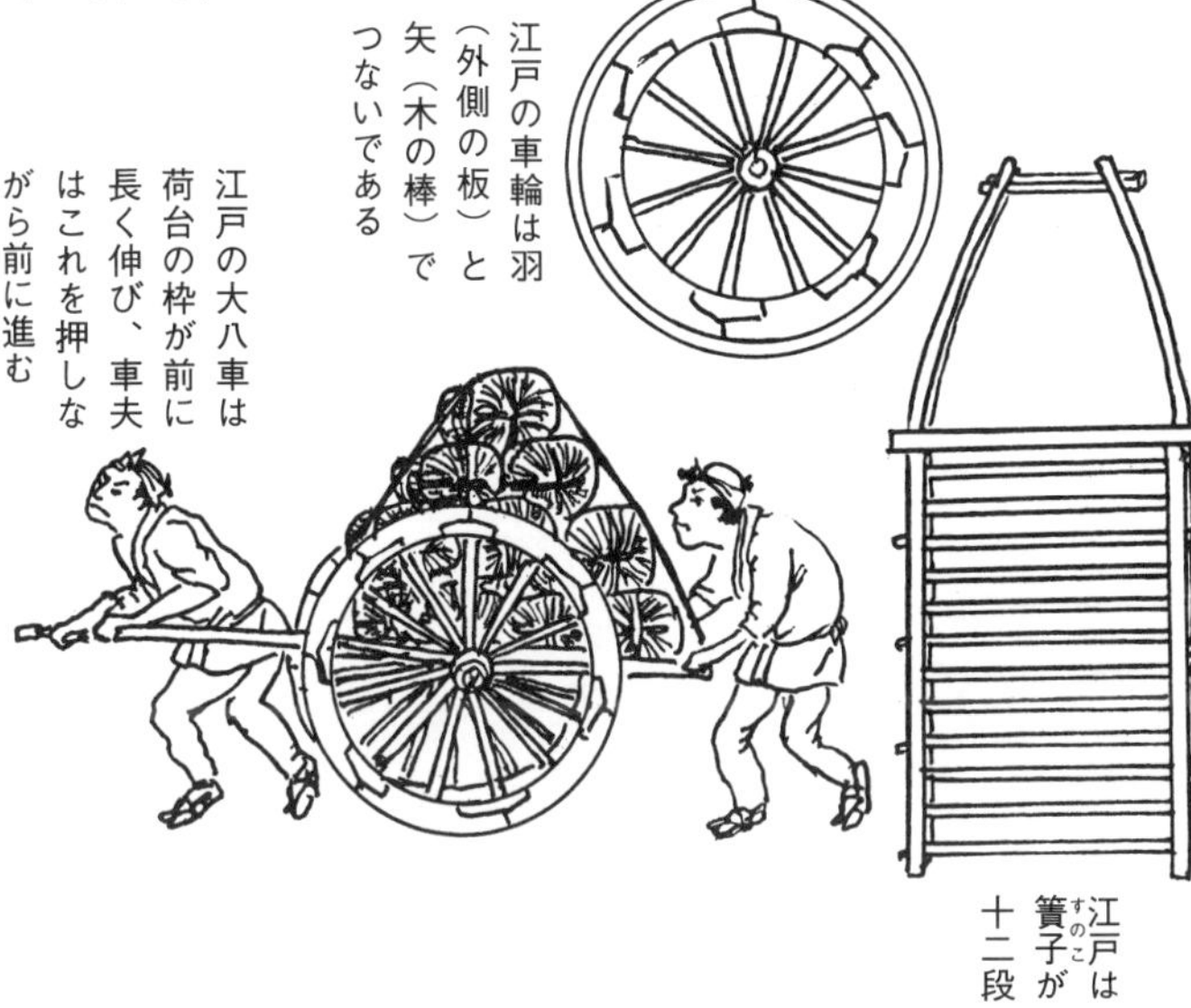

江戸の車輪は羽（外側の板）と矢（木の棒）でつないである
江戸の大八車は荷台の枠が前に長く伸び、車夫はこれを押しながら前に進む
江戸は簀子《すのこ》が十二段

〈大坂の大八車〉

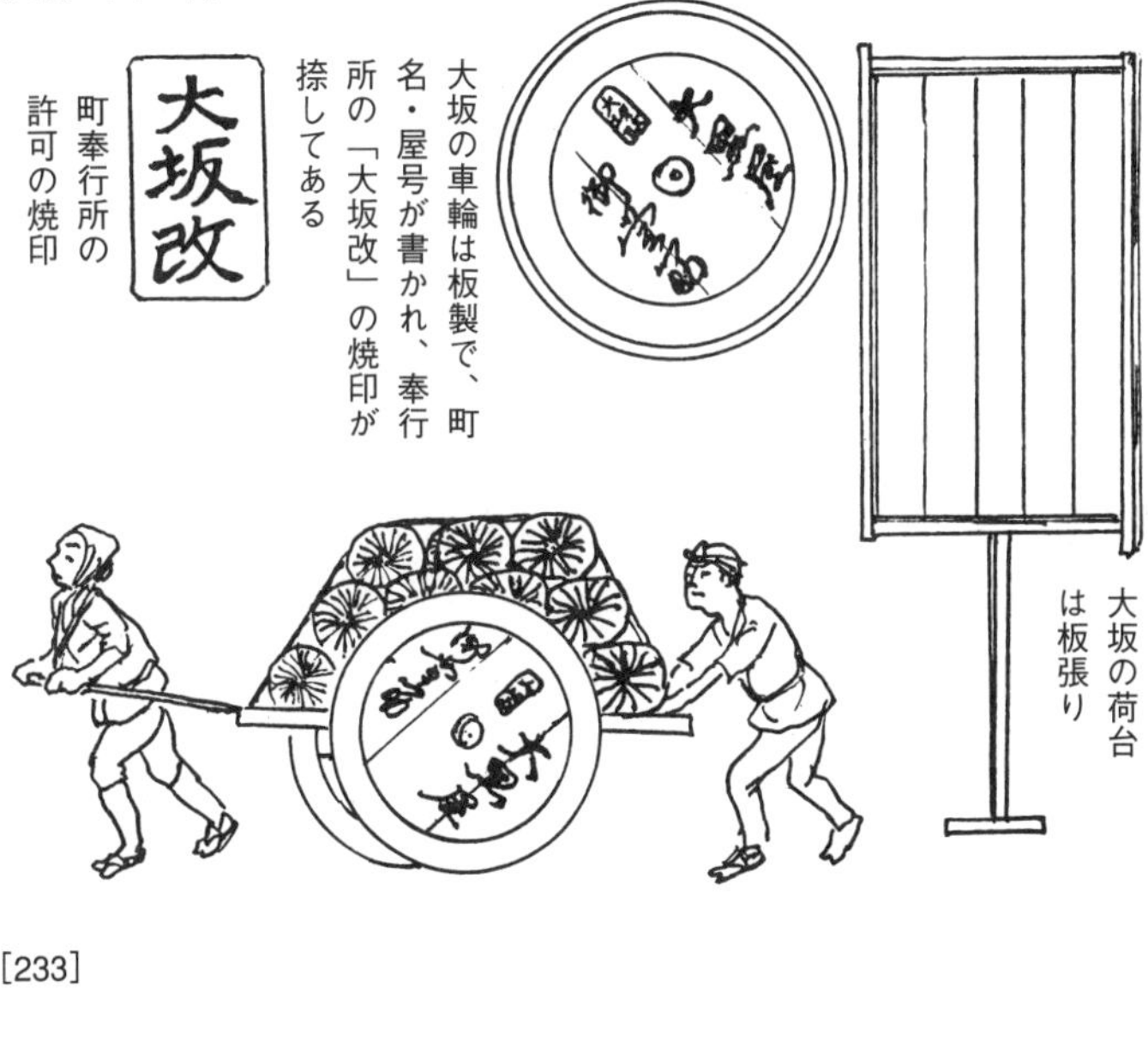

大坂の車輪は板製で、町名・屋号が書かれ、奉行所の「大坂改」の焼印が捺してある

町奉行所の許可の焼印
大坂の荷台は板張り

駕籠《かご》を先棒《さきぼう》と後棒《あとぼう》が同じ側で担《かつ》ぐのはなぜ？

江戸時代の武士や庶民の一般的な乗物は駕籠である。将軍や大名、高禄の武士は外出に際しては、身分に応じた形式の駕籠に乗った。庶民も辻駕籠《つじかご》に乗ることが許されていた。

駕籠は上部の中心の前後に担ぎ棒を通して、その両端を担ぎ手が担いで行くのであるが、その担ぎ方には定めがあった。前の担ぎ手（辻駕籠では先棒《さきぼう》といった）は息杖《いきづえ》という木か竹製の棒を持った。この呼称は、この杖を使いながら前後で掛け声をだして調子を合せたためである。後ろの担ぎ手は後棒《あとぼう》といった。

先棒が左肩で駕籠を担ぐときは、後棒も左肩で担ぎ、足並みも揃えて同じ側の足を上げた。こうすると駕籠の揺れかたが一緒になり、のっている客も一定の揺れかたになるので乗り心地が良い。そのため先棒は息杖を使いながら、後棒の駕籠舁《かごかき》と共に声を揃えて「えいさ、ほいさ」と掛け声を合わせて担いだのである。ところが映画やテレビの時代劇で、ときどき先棒の駕籠舁が右肩で担ぎ、後棒の担ぎ手が左肩で駕籠を担ぐ場面を見ることがある。一見、力学的にもかなっているようだが、担ぎ手の体の上下の動きが異なり、駕籠もそのたびに揺れるので中に乗っている者は大変である。これは大名駕籠で、前後数人で担ぐ場合も同様で、かならず同じ側の肩で担いだ。

ただし、悪質な駕籠舁の街道雲助《くもすけ》や性質の悪い辻駕籠人足は、駕籠賃を余分に取るために、わざと足並みを乱し、駕籠を大きく揺らして嫌がらせをした。そして客が揺れを少なくするように頼むと、酒手《さかて》（駕籠賃のほかに酒飲代を余分に客から取ること）を要求して客を困らせた。

前後数人の大名駕籠の担ぎ手も同じ側の肩で担ぐ

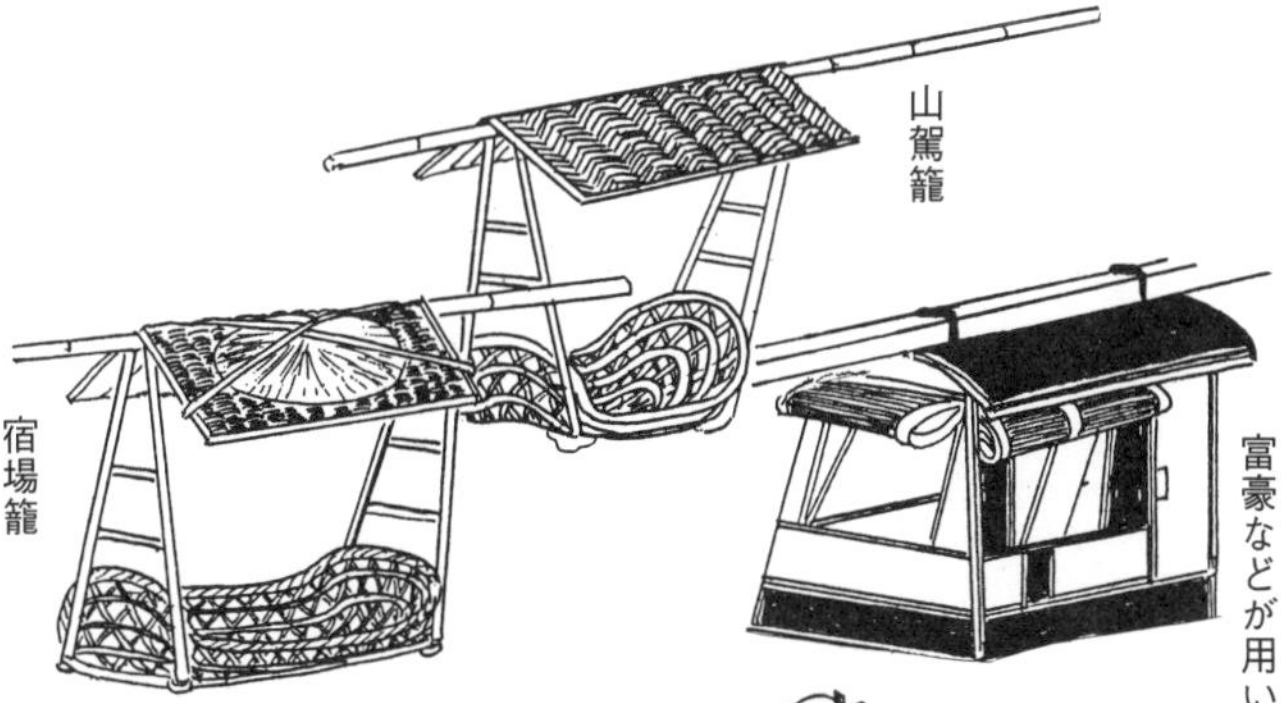

山駕籠

宿場籠

法泉寺《ほうせんじ》駕籠《かご》
富豪などが用いた

駕籠の担ぎ手は前後
同じ側の肩で担いだ

後棒《あとぼう》

先棒《さきぼう》

辻駕籠も担ぎ手は前後
同じ側の肩で担ぎ、揺
れを少なくする

笹間良彦（ささま・よしひこ）

1916年東京生まれ。文学博士、前日本甲冑武具歴史研究会会長。（主な著書）『日本の甲冑』『日本甲冑図鑑』上中下三巻『甲冑と名将』『日本甲冑名品集』『趣味の甲冑』『江戸幕府役職集成』『戦国武士事典』『武士道残酷物語』『日本の軍装』上下二巻『古武器の職人』『日本の名兜』上中下三巻『図解・日本甲冑事典』『甲冑鑑定必携』『歓喜天信仰と俗信』『弁才天信仰と俗信』（以上、雄山閣出版）、『龍』（刀剣春秋社）、『真言密教立川流』『ダキニ天信仰と俗信』（以上、第一書房）、『日本甲冑大鑑』（五月書房）、『図説・日本武道辞典』『図説・江戸町奉行所事典』『日本甲冑大図鑑』『図録・日本の甲冑武具事典』『資料・日本歴史図録』『図説・日本未確認生物事典』『図説・世界未確認生物事典』『図説・日本戦陣作法事典』（以上、柏書房）、『江戸っ子語絵解き辞典』『大江戸復元図鑑〈武士編〉〈庶民編〉』『日本こどものあそび図鑑』『図説・龍とドラゴンの世界』『絵で見て不思議！鬼とものの

けの文化史』『絵で見て楽しむ！江戸っ子語のイキ・イナセ』（以上、遊子館）他多数。

遊子館歴史選書 1

絵で見て納得！
時代劇のウソ・ホント
2004年12月17日　第1刷発行
2014年5月28日　第4刷発行

著　者　笹間良彦
発行者　遠藤伸子
発行所　株式会社 遊子館
152-0004　東京都目黒区鷹番 3-4-11
グリーンヒル鷹番 210号
電話 03-3712-3117 FAX.03-3712-3177
印刷・製本　株式会社シナノ
装　幀　中村豪志
定　価　カバー表示

ISBN978-4-946525-65-0 C0021

〈好評発売中〉

大江戸復元図鑑〈武士編〉

〈日本図書館協会選定図書〉

笹間良彦 著画

江戸時代の武家社会の組織全般と年中行事から、各役職の武士の仕事内容、家庭生活、住居、武士の一生のモデルまで、武士の世界を膨大な量の復元図で解説。姉妹編の〈庶民編〉とともに、臨場感あふれる図と平易な解説で「大江戸」の全体像を知ることができる最適の書。

Ａ５判上製・約四一〇頁・定価（本体六八〇〇円＋税）

地方支配の仕事――⑬代官、郡代

武家の生活――❶

武士の外出と屋敷の玄関

幕府の規定では、百石級から草履取《ぞうりと》りと槍持《やりも》ち各一人の供を連れて行くことができた。彼らの多くは御抱《おかか》え席であるが、小十人組は御譜代席《ごふだいせき》であった。屋敷によって異なるが、おおむね百坪ほどの土地の組屋敷に住んだ。なお幕末のころ、百石級の石高は玄米でだいたい百俵ほどであった。

乗馬を許されるのは二百石級からで、外出時には供《とも》侍《さむらい》と馬一頭、馬丁《ばてい》一人、槍持ち一人（槍一本）、草履取り一人、挟箱持《はさみばこも》ちなどを連れていった。この二百石級の多くは御譜代席、御目見《おめみえ》である。ただし、町奉行所与力は二百石級でも御抱え席で、町奉行所で用意した馬に乗り、一騎、二騎と数えた。二百石級の屋敷は、おおむね二百坪ほどの拝領地であった。

住居は、門構えのある武家造り形式が一般的であった。式台付きの玄関があり、これは公式の訪問用、あるいは武家同士用である。訪問者があると、その家の男子か、男の使用人である侍が応対に出て、婦女子は決して玄関に出なかった。主人が登城するときも、妻女が玄関まで出て見送りをすることはなかった。

妻女が玄関まで応対に出るのは、八丁堀の与力同心の組屋敷だけであった。これは男性相手では訪問者が緊張して頼み事を言いづらいだろうという配慮から、代わりに妻女が応対したものである。通常、禄の低い武士の妻は「御新造《ごしんぞ》」、禄の高い武士の妻は「奥様、奥方」と呼ばれたが、八丁堀与力同心の妻に限って低禄でも「奥様」と呼ばれ、特に庶民から尊敬された。禄の高い武士の屋敷では、表（男性用と客用）と奥（家族用と使用人の婦女たち）が区別され、妻は奥の統率者として「奥様」「奥方」と呼ばれたのである。

では妻女の出入口はどこかというと、高禄の武士の屋敷には必ず玄関の隣に「中の口」と呼ばれる簡単な出入口があり、ここを使用した。これは現在の内玄関（表玄関に対し、主として家人の使用する玄関）にあたる。名主など町人の訪問客もここを使った。また、注文取りの小商人《こあきんど》や使用人などは台所口から出入りした。

❶関連項目「武家屋敷」52ページ

武家の生活――❶武士の外出と屋敷の玄関

中の口（内玄関） 妻女は決して表玄関に出ることはなかった

〈好評発売中〉

絵で見て楽しむ！

江戸っ子語のイキ・イナセ

〈日本図書館協会選定図書〉

笹間良彦 著

江戸っ子の心意気を知ることばの玉手箱。江戸・明治・大正・昭和・平成を生きてきた「残しておきたい江戸っ子語」一一〇〇余語を分野別に編集し、三五〇余の絵図で解説。「江戸っ子語理解度テスト」にチャレンジして見ませんか。

四六判二五二頁・定価（本体一八〇〇円＋税）

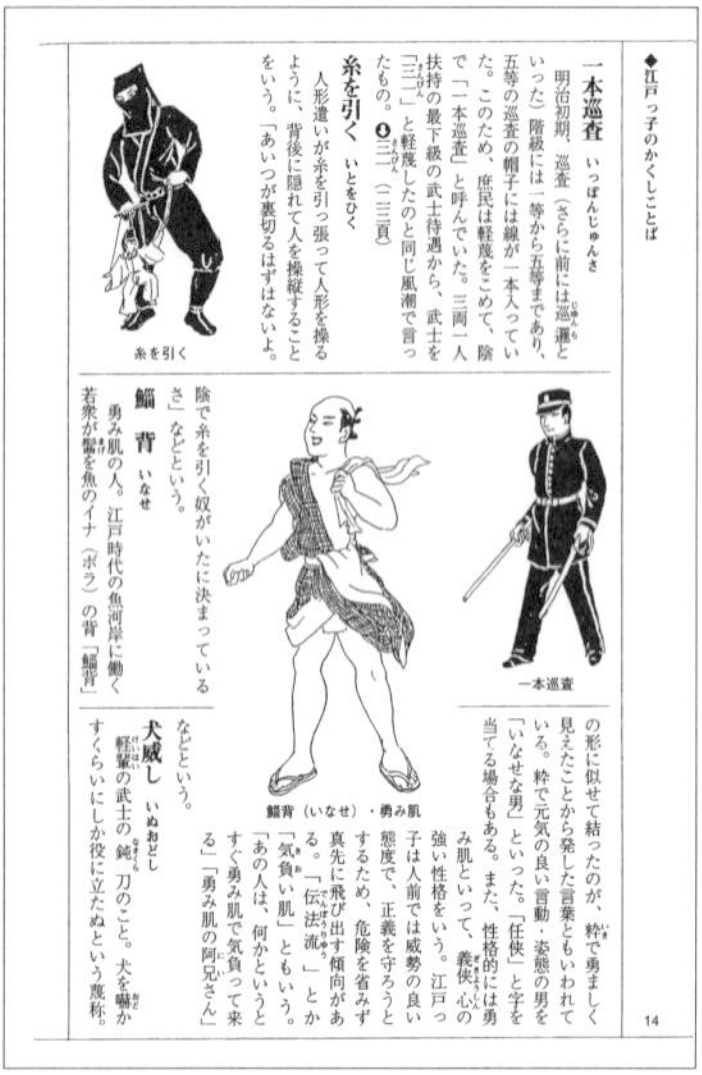

◆江戸っ子のかくしことば

一本巡査　いっぽんじゅんさ

明治初期、巡査（さらに前には巡邏《じゅんら》といった）階級には一等から五等まであり、五等の巡査の帽子には線が一本入っていた。このため、庶民は軽蔑をこめて、陰で「一本巡査」と呼んでいた。三両一人扶持の最下級の武士待遇から、武士を「三一《さんぴん》」と軽蔑したのと同じ風潮で言ったもの。➡三一《さんぴん》（一三一頁）

糸を引く　いとをひく

人形遣いが糸を引っ張って人形を操るように、背後に隠れて人を操縦することをいう。「あいつが裏切るはずはないよ。陰で糸を引く奴がいたに決まっているさ」などという。

鯔背　いなせ

勇み肌の人。江戸時代の魚河岸に働く若衆が鬐《まげ》を魚のイナ（ボラ）の背「鯔背」の形に似せて結ったのが、粋《いき》で勇ましく見えたことから発した言葉ともいわれている。粋で元気の良い言動・姿態の男を「いなせな男」といった。「任侠」と字を当てる場合もある。また、性格的には勇み肌といって、義侠心《ぎきょうしん》の強い性格をいう。江戸っ子は人前では威勢の良い態度で、正義を守ろうとするため、危険を省みず真先に飛び出す傾向がある。「伝法流《でんぽうりゅう》」とか「気負《きお》い肌」ともいう。「あの人は、何かというとすぐ勇み肌で気負って来る」「勇み肌の阿兄《にい》さん」などという。

犬威し　いぬおどし

軽輩《けいはい》の武士の鈍《なまくら》刀のこと。犬を嚇《おど》かすくらいにしか役に立たぬという蔑称。

糸を引く

一本巡査

鯔背（いなせ）・勇み肌

14

絵で見て不思議！

鬼ともののけの文化史

〈日本図書館協会選定図書〉

笹間良彦 著

鬼と「もののけ」はどのようにして誕生したのか。インド・中国にルーツを求め、日本書紀、今昔物語をはじめ江戸時代に至る説話と記録を通して、鬼と魑魅魍魎たちの異形の世界を歴史図・想像図一八〇余、文献八〇余で解明。

四六判二五二頁・定価（本体一八〇〇円＋税）

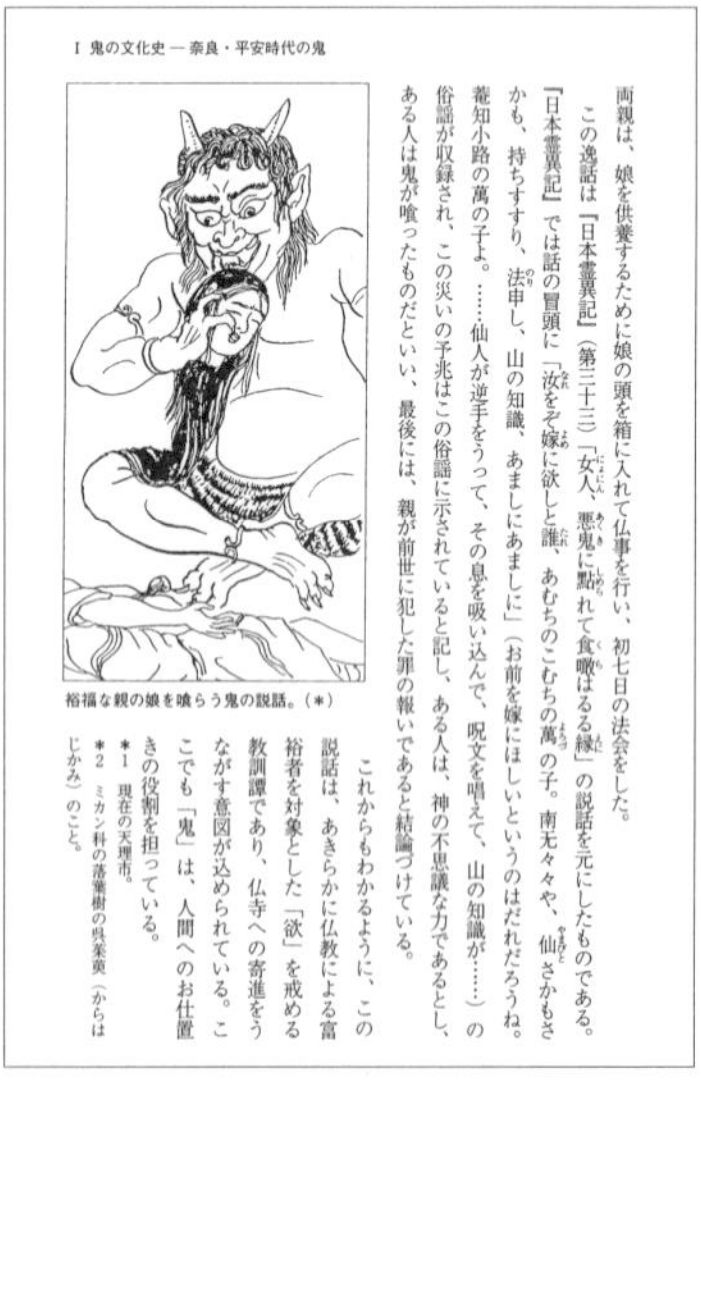

Ⅰ 鬼の文化史 — 奈良・平安時代の鬼

両親は、娘を供養するために娘の頭を箱に入れて仏事を行い、初七日の法会をした。

この逸話は『日本霊異記』（第三十三）「女人《にょにん》、悪鬼《あくき》に黏《しめ》れて食噉《くら》はるる縁《えん》」の説話を元にしたものである。『日本霊異記』では話の冒頭に「汝《なれ》をぞ嫁《よめ》に欲しと誰《たれ》、あむちのこむちの萬《よろづ》の子。南无々々や、仙《やまびと》さかもさかも、持ちすすり、法《のり》申し、山の知識、あましにあましに」（お前を嫁にほしいというのはだれだろうね。菴知小路の萬の子よ。……仙人が逆手をうって、その息を吸い込んで、呪文を唱えて、山の知識が……）の俗謡が収録され、この災いの予兆はこの俗謡に示されていると記し、ある人は、神の不思議な力であるとし、ある人は鬼が喰ったものだといい、最後には、親が前世に犯した罪の報いであると結論づけている。

これからもわかるように、この説話は、あきらかに仏教による富裕者を対象とした「欲」を戒める教訓譚であり、仏寺への寄進をうながす意図が込められている。ここでも「鬼」は、人間へのお仕置きの役割を担っている。

裕福な親の娘を喰らう鬼の説話。（＊）

＊1　現在の天理市。

＊2　ミカン科の落葉樹の呉茱萸（からはじかみ）のこと。